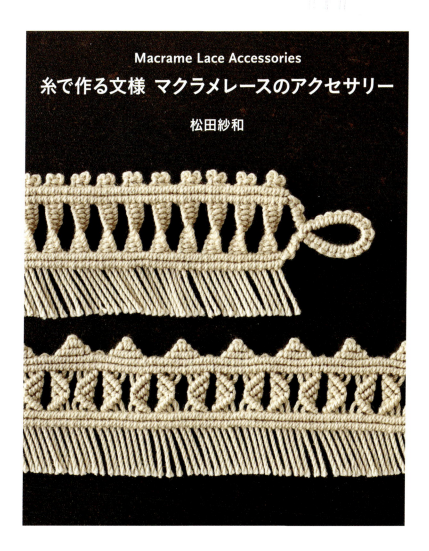

Macrame Lace Accessories
糸で作る文様 マクラメレースのアクセサリー
松田紗和

文化出版局

マクラメレースは、糸を結びながら模様や形を作っていく手芸。
日常のいろいろな場面で目にすることができますが、
私自身は、人に説明するときに、そういえばこれはマクラメだ、と思い出すくらい、
気の向くまま、手を動かして製作しています。
作品も、既存のマクラメのイメージと違うと言われることが多く、
そういう反応もうれしく受け取っています。

『マクラメレースのアクセサリー』『マクラメレース 結びのデザイン』を出版してから、
新しい発見を重ねて、今回また一冊の本にまとめることができました。

この本では、糸の結びを組み合わせてさまざまな文様やモチーフを作り、
アクセサリーに仕上げた作品をご紹介します。
多様な素材の糸を使ったり、太さの違う糸を組み合わせたり、
自由な発想で、楽しみながら製作しました。
使用しているのはごく基本的な結びの技法で、取りかかりやすい小さな作品や、
シンプルなモチーフにタッセルをつけるなどアレンジを効かせた作品もあります。
この本が、手仕事を愛する人のお役に立てば、うれしく思います。

松田紗和

CONTENTS

Choker サンプラーチャームのチョーカー 4

Bracelet 七宝結びのブレスレット 6

Earrings ねじり結びのピアス 7

Charm 幾何学チャーム 8

Bracelet ストライプ模様のブレスレット 9

Earrings リーフモチーフのピアス 10

Motif 幾何学モチーフ 12

Pin Badge 幾何学モチーフのピンバッジ 13

Necklace フレームモチーフとフリンジのネックレス 14

Brooch タッセルブローチ 16

Earrings 砂紋イアリング 18

Bracelet 砂紋ブレスレット 19

Barreta 砂紋バレッタ 19

Bracelet ツイストパターンのブレスレット 20

Bracelet リブデザインのブレスレット 21

Corsage Brooch コサージュブローチ 22

Bracelet 菱形模様のブレスレット 24

Bracelet ネット模様のブレスレット 25

Bracelet フリンジブレスレット 26

Table Mat テーブルマット 28

Pouch ポーチ 29

Tie タイマフラー 30

Brooch タッセルブローチ 32

How to Make 33-95

Choker サンプラーチャームのチョーカー ▷p.54
✚ 巻結び＋平結び＋ねじり結び＋タッチング結び

Bracelet 七宝結びのブレスレット ▷p.56
✚ 平結びの七宝結び

Earrings ねじり結びのピアス ▷p.38

+ねじり結び

Charm 幾何学チャーム ▷p.57
✦ 平結びの七宝結び

Bracelet ストライプ模様のブレスレット ▷p.67
✚ 巻結び

Earrings リーフモチーフのピアス ▷p.60
✚ 巻結び

Motif 幾何学モチーフ ▷p.61
✚ 巻結び

Pin Badge 幾何学モチーフのピンバッジ ▷p.67
+ 巻結び

13

Necklace　フレームモチーフとフリンジのネックレス ▷p.70
✚ 巻結び＋まとめ結び＋ひと結び＋とめ結び

Brooch タッセルブローチ ▷p.72
✛ 巻結び＋本結び＋まとめ結び

Earrings 砂紋イアリング ▷p.40
✛ 巻結び

Bracelet 砂紋ブレスレット ▷p.42
✦ 巻結び＋タッチング結び＋平結び

Barreta 砂紋バレッタ ▷p.76
✦ 巻結び

Bracelet ツイストパターンのブレスレット ▷p.77
✚ 巻結び

Bracelet リブデザインのブレスレット ▷p.78

✦ 巻結び

Corsage Brooch コサージュブローチ ▷p.79
✚ 巻結び＋平結びの七宝結び＋しゃこ結び＋タッチング結び

Bracelet 菱形模様のブレスレット ▷p.36
✚ 巻結び＋ひと結び

Bracelet ネット模様のブレスレット ▷p.84
✚ 巻結び＋平結びの七宝結び

Bracelet フリンジブレスレット ▷p.86

✚ 巻結び＋平結び＋ねじり結び＋タッチング結び（写真上）
✚ 巻結び＋タッチング結び＋平結び（写真下）

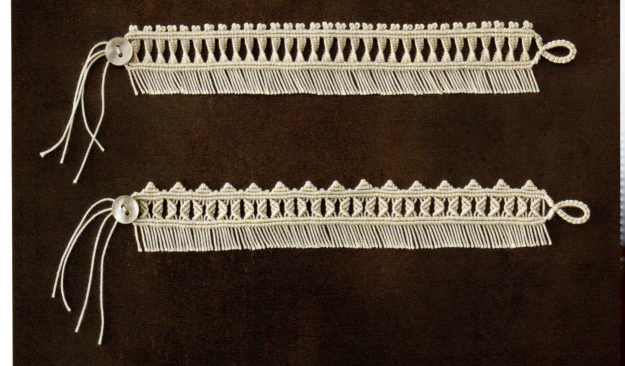

Table Mat テーブルマット ▷p.88
✦ 平結びの七宝結び+とめ結び

Pouch ポーチ ▷p.90
✦ 平結びの七宝結び+しゃこ結び+本結び

Tie タイマフラー ▷p.44,92
✦ 平結びの七宝結び

Brooch タッセルブローチ ▷p.94
✚ 巻結び+本結び+まとめ結び

How to Make

Materials & Tools

道具

A マクラメボード　20×30cm
　ピンで糸を刺しとめて製作するための専用のコルクボード。1cm方眼つきで使いやすい。
B マクラメピン　糸をとめつけるピン。使用する糸に合わせてサイズを選ぶ。
C メジャー　糸の長さをはかるのに使用。
D レース針　しゃこ結びで糸を引き出すときなどに使用。糸の太さに合ったものを。
E はさみ　ブローチ用のフェルトを切るときなどに使用。
F 小ばさみ　糸を切るのに使用。
G ニッパー　アクセサリー用の金具をつける作業に。
H 手芸用接着剤　糸端の処理やブローチの裏にフェルトをはるときなどに使用。
I ライター　マイクロマクラメコードの糸端を焼きどめするときに使用。
J フェルト　ブローチのベースに使用。
K 合皮スエード　ブローチのベースに使用。

糸

マクラメレースには基本的にはしっかりとよった、丈夫で均一の太さの糸が適しています。この本の作品ではたこ糸やレース糸などの綿の糸のほか、リネン、ナイロンやポリエステル、ウールの糸など、さまざまな素材や色合いの糸を使っています。

A コットンスペシャル　太さ約2mm　1かせの長さ約30m／メルヘンアート
よりがないので結びやすく、なめらかな質感の綿100%の糸。

B たこ糸（たこ糸小巻き）　#10（太さ約1mm）　1玉の長さ約165m／メルヘンアート
しっかりとよった、張りと強度のある綿100%の糸で、さらっとした風合い。

C 鴨川#18　1玉（50g）の長さ約175m／DARUMA
しっかりとしたよりの綿100%のレース糸で、かっちりした繊細な仕上がりに。

D ステンレスコード　太さ0.6mm、0.8mm　ともに1かせの長さ約5m／メルヘンアート
メタリックな質感の張りのある細い糸。ナイロンとエステルの混紡。

E マイクロマクラメコード　太さ約0.7mm　1巻きの長さ約20m／メルヘンアート
ポリエステル100%の糸に結びやすい樹脂加工を施した糸。糸端の始末は、ライターで焼きどめができる。

F リネン糸スペシャル　太さ約0.8mm　1巻きの長さ約10m／メルヘンアート
リネン100%の糸。しゃり感のあるリネン独特の風合いが魅力。

G メリノスタイル 極太　1玉（40g）の長さ約65m／DARUMA
ウール（メリノ）100%の手編み糸。マクラメレースの技法で仕上げるとしっかりとした風合いに。

H リネンラミーコットン 並太　1玉（50g）の長さ約102m／DARUMA
綿50%、麻50%（リネン25%、ラミー25%）。清涼感のある麻と柔らかな綿の混紡の糸はマクラメの結びにも適している。

＊糸の入手先はp.96を参照してください

アクセサリーパーツ

A リボンどめ金具　**B** ピアス、イアリング金具　**C** ピンバッジ金具（蝶タックセット）　**D** ブローチ金具　**E** 丸かん　**F** とめ具（引き輪、カニかん）　**G** 板ダルマかん　**H** アジャスター　**I** バレッタ金具　**J** 9ピン　**K** Tピン　**L** ボタン（とめ具として使用）　**M** デザインパーツ　**N** フープパーツ（左下はツイストタイプ）

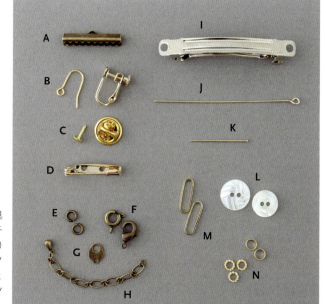

Step by Step

★斜め巻結びのブレスレットの作り方

Bracelet 菱形模様のブレスレット ▷p.24

巻結びの菱形を大小交互に結ぶ、
シンプルですがデザイン性のあるブレスレット。
金具は最後に丸かんでつけます。

◉ 出来上がりサイズ(モチーフ部分)
幅約2cm、長さ約16cm

◉ 材料
たこ糸小巻き#10(生成り)
糸A:100cmを1本、糸B:150cmを6本
引き輪、アジャスター(アンティークゴールド) 各1個
丸かん(アンティークゴールド)直径0.5cmを2個

※分かりやすいように、写真は実物より太い糸、色にかえて解説しています。

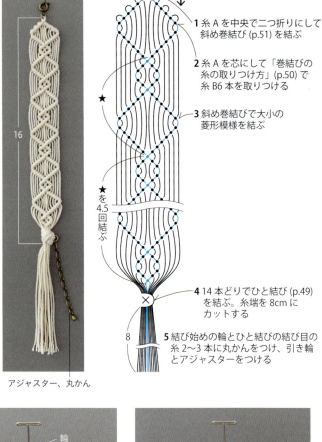

引き輪、丸かん

◆記号図

1 糸Aを中央で二つ折りにして斜め巻結び(p.51)を結ぶ

2 糸Aを芯にして「巻結びの糸の取りつけ方」(p.50)で糸B6本を取りつける

3 斜め巻結びで大小の菱形模様を結ぶ

★を4.5回結ぶ

4 14本どりでひと結び(p.49)を結ぶ。糸端を8cmにカットする

5 結び始めの輪とひと結びの結び目の糸2〜3本に丸かんをつけ、引き輪とアジャスターをつける

アジャスター、丸かん

1 糸Aを中央で二つ折りにし、ピンでとめる。

2 右側の糸に、左側の糸を1回巻き、糸を引き締める。

3 もう一度巻き、糸を引き締める。斜め巻結び(p.51)が1目結べた。上側の輪はピンの太さくらい(最後に丸かんを通す)あけておく。

4 糸Aを芯にし、左側に糸B3本を「巻結びの糸の取りつけ方」(p.50)で取りつける。

5 糸Aを芯にし、右側に糸B3本を「巻結びの糸の取りつけ方」で取りつける。写真のように左右斜めに置く。

6 左側の糸Aをピンでとめる。左側の糸Aを芯にし、糸Bを内側で渡して間をあけて斜め巻結びを結ぶ。

7 右側の糸Aをピンでとめる。右側の糸Aを芯にし、糸Bを内側で渡して間をあけて斜め巻結びを結ぶ。

8 中央の糸Aで2、3と同様に斜め巻結びを結ぶ。1つめの大きな菱形模様ができた。

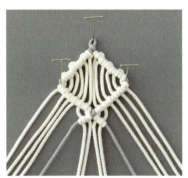

9 糸Aを芯にし、斜めに置きながら左右の内側の糸B2本ずつで斜め巻結びを結ぶ。結んだ外側は糸を渡して間をあける。

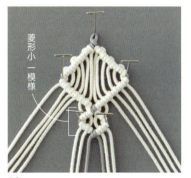

10 6〜8を参照し、斜め巻結びを結ぶ。2つめの小さな菱形模様ができた。

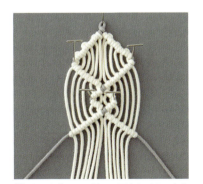

11 糸Aを芯にし、斜めに置きながら、左右の糸B6本ずつで斜め巻結びを結ぶ。外側は糸を渡して間をあける。

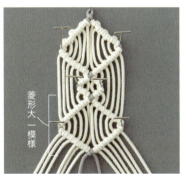

12 6〜8と同様に結ぶ。3つめの大きな菱形模様ができた。9〜12を繰り返し、大小交互に菱形模様を合計12個作る。

13 最後は糸を束ね、14本どりでひと結び（p.49）を結ぶ。糸端を切りそろえ、金具をつける（p.36記号図参照）。出来上り。

★ねじり結びのピアスの作り方

Earrings ねじり結びのピアス ▷p.7

ねじり結びを同じところに何度も結び重ねることで、巻き貝のような
フォルムのねじり結びができ上がります。お好みの色で作ってみてください。

◉出来上りサイズ(モチーフ部分)
長さ約2cm

◉材料(1組み分)
マイクロマクラメコード　140cmを2本
a：(ライトグレー・1456)、b：(あさぎ・1459)、c：(ホワイト・1441)、
d：(シルバー・1742)、e：(ローズクォーツ・1466)、f：(ゴールド・1741)、g：(チャイ・1464)
フープパーツ(a、b、f、g：ゴールド、c、d：シルバー)直径0.4cm　2個
デザインパーツ(e：ゴールド)15×5mm　2個
フックピアス(a、b、e、f、g：ゴールド、
c、d：シルバー)　1組み

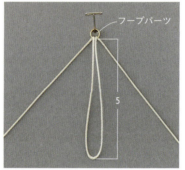

1 糸を中央で二つ折りにし、フープパーツ(eはデザインパーツ)の下から通し、5cmの位置で折る。フープパーツをピンでとめ、糸端を左右に置く。

2 中央の二つ折り部分を芯にし、ねじり結び(p.48)を16回結ぶ。

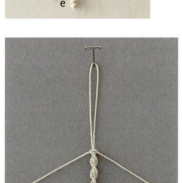

3 ピンを外し、上下の向きを変える。二つ折り部分をピンでとめる。

4 2で結んだ部分を芯にし、下の結び目が隠れるようにねじり結びを結ぶ。写真は10回結んだところ。

5 合計で19回結ぶ。フープパーツのぎりぎりまで結ぶ。
＊結びの回数は目安です。

6 ピンを外し、上下の向きを変える。フープパーツをピンでとめる。

3層め

7 5で結んだ部分を芯にし、下の結び目が隠れるようにねじり結びを結ぶ。写真は10回結んだところ。

8 合計で20回結ぶ。最後は下の結び目のぎりぎりまで結ばず少し結び目が見えるくらいまで結ぶ。
＊結びの回数は目安です。

焼きどめ

9 糸端を0.2～0.3cm残し、余分をカットする。

10 糸端にライターの炎(炎の先端ではなく下側部分)を近づけ、糸端を溶かす。溶けた部分はこがさないようにする。
＊ライターの扱いには充分注意してください。

11 溶けた部分をライターの金具部分に押しつけ、固定する。

12 糸端を溶かしたことで結び目がゆるまず固定される。

13 残りの糸端も同様に焼きどめで固定する。フックピアスをつける(p.38右上写真参照)。出来上り。

★横巻結びのイアリングの作り方

Earrings 砂紋イアリング ▷p.18

芯糸を折り返しながら巻結びを結びます。一見すると不規則に見える結び目ですが、円状に結ぶために規則正しく結んでいます。結び目と結び目のすきまを詰めて結ぶときれいな円状になります。

◉出来上がりサイズ(モチーフ部分)
直径約 2.2cm

◆材料(1組み分)
リネン糸スペシャル　糸A：60cmを2本、
糸B：50cmを2本、糸C：70cmを2本、
糸D：90cmを2本、糸E：100cmを2本
写真上：(ベビーピンク・1204)、
写真中央：(ベージュ・1202)、
写真下：(サックス・1205)
合皮スエード(グレー)6×6cm
フェルト(ベージュ)6×6cm
イアリング金具(ゴールド)　1組み

＊分かりやすいように、写真は途中まで実物より太い糸、色にかえて解説しています。

◆記号図

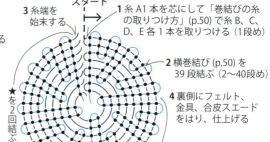

1 糸A1本を芯にして「巻結びの糸の取りつけ方」(p.50)で糸B、C、D、E各1本を取りつける(1段め)

2 横巻結び(p.50)を39段結ぶ(2～40段め)

3 糸端を始末する

4 裏側にフェルト、金具、合皮スエードをはり、仕上げる

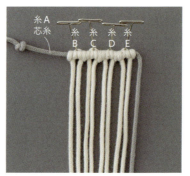

1 糸A(芯糸)の糸端を3cmくらい残し、芯に糸B、C、D、Eの順に「巻結びの糸の取りつけ方(p.50)」で取りつける。結び目を水平にピンでとめる。

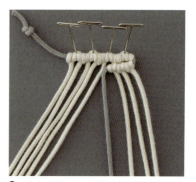

2 1段め。芯を折り返し、糸E2本、糸D1本の順に横巻結び(p.50)を結ぶ。

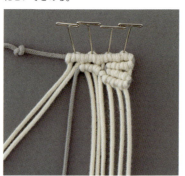

3 2段め。芯を折り返し、糸D1本、糸E2本の順に横巻結びを結ぶ。

4 3段め。芯を折り返し、糸E2本、糸D2本、糸C2本の順に横巻結びを結ぶ。結び目のすきまをあけずに前段との間を詰めながら結ぶと結び目の段が自然とゆがみ、砂紋の模様に。

5 4段め以降も同様に芯を折り返しながら上の記号図を参照し、横巻結びを結ぶ(写真は4、5段めを結んだところ)。

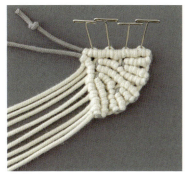

6 円の1/4（9段め）まで結べた。これで一模様と数える。

7 ピンを外し、向きを変える。2模様めの1段めを横巻結びで結ぶ。2段め以降は2〜6と同様に結ぶ。

8 2模様めができ、ここで半円になる。

9 2模様めを繰り返す（7、2〜6の順に結ぶ）。3、4模様めができた。結び目をしっかり結ばないと円の中心にすきまができたり、円の形がいびつになるので注意する。

10 糸端を始末する。レース針を結び始めの「巻結びの取りつけ方」の裏側のこぶに裏から入れる。糸端を針にかけ、裏側に引き出す。糸Bのこぶには糸Bの糸端2本、糸Cのこぶには糸Cの糸端2本、というようにそれぞれの糸のこぶに糸端を2本ずつ通す（糸Aはこぶに通さず裏側に置く）。糸端はすべて裏側で接着剤ではり、乾いたら短くカット。モチーフができた。

仕上げ方

11 結びのモチーフよりひと回り小さくフェルトをカットする。フェルトに接着剤をつけ、モチーフの裏側にはる。

12 接着剤が乾いたら、イアリング金具に接着剤をつけ、フェルトにはる。合皮スエードもフェルトの大きさと同じにカットする。

13 合皮スエードに接着剤をつけ、12の上にのせる。接着剤が乾いたら、出来上がり。

★横巻結びのブレスレットの作り方

Bracelet 砂紋ブレスレット ▷p.19

芯糸を折り返しながら巻結びを
3段ごとに左右に結んでいきます。
結び目と結び目のすきまを
詰めて結ぶときれいに結べます。

◉出来上がりサイズ(モチーフ部分)
幅約2.3cm、長さ約17.8cm

◉材料(1組み分)
たこ糸小巻き#10(生成り)
糸A：270cmを5本、糸B：290cmを1本、
糸C：200cmを1本
ボタン 直径1.2cmを1個

＊分かりやすいように、写真は実物より
太い糸にかえて解説しています。

◆記号図

1 糸Aを芯にして糸B1本で右タッチング結び(p.49)を15回結ぶ

2 結び目を二つ折りにし、糸3本を芯にして右タッチング結びを1回結ぶ

3 糸Cを芯にして糸A4本を「巻結びの糸の取りつけ方」(p.50)、中央の4本を横巻結び(p.50)で取りつける

4 横巻結びで72段結ぶ

★を5回結ぶ

ボタンつけ位置

5 内側11本を芯にし、平結び(p.47)を3回結ぶ。途中、結び目にボタンを通して結ぶ

6 糸端を8cmにカットする

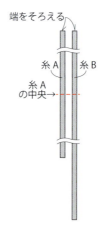

1 糸A1本、糸B1本の端をそろえて並べる。

2 上から135cm(糸Aの中央)の位置から、糸Aを芯にし、右タッチング結び(p.49)を15回結ぶ。

3 結び目を二つ折りにし(タッチング結びのこぶが外側になるように)、根もとに左側の糸3本(糸A2本と糸B1本)を芯にして、右側1本(糸B)で右タッチング結びを1回結ぶ。

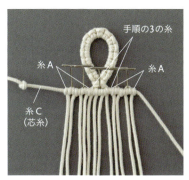

4 糸Cの糸端を約3cm残し、糸A2本、手順の3の糸、糸A2本の順に、糸Aは「巻結びの糸の取りつけ方」(p.50)で、3の糸は横巻結び(p.50)で取りつける。結び目をピンでとめる。

5 右側1〜3段め(記号図□)。芯を折り返しながら右側に横巻結びを3段結ぶ。

6 左側1〜3段め(記号図□)。芯を折り返しながら横巻結びを3段結ぶ。結び目はすきまをあけずに前段との間を詰めながら結ぶと結び目の段が自然とゆがみ、砂紋の模様に。

7 左側4〜6段め(記号図□)。芯を折り返しながら左側に横巻結びを3段結ぶ。

8 右側4〜6段め(記号図□)。芯を折り返しながら右側に横巻結びを3段結ぶ。

9 右側7〜9段め(記号図□)。芯を折り返しながら右側に横巻結びを3段結ぶ。

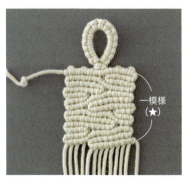

10 記号図を参照し、左右それぞれ12段結ぶ。一模様(★)結べた。5〜10をあと5回繰り返して結ぶ。

ボタンのつけ方

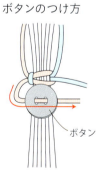

11 内側11本を芯にし、平結び(p.47)を3回結ぶ。2回めを結ぶとき、左側の糸にボタンを通し、芯の上にのせて平結びを結ぶ。糸端を8cmにカットする。出来上り。

43

★平結びの七宝結びを重ねてつなぐ方法

Tie タイマフラー ▷p.30

平結びの七宝結びを上と下でそれぞれ結んでいきます。途中、糸を上下入れ替えて
配色を替えながら、上下をつなげていきます。結び目が2重にできるので厚みがあります。
28ページのテーブルマットもこの方法で結んでいます。

＊分かりやすいように、写真は実物より太い糸、色にかえて解説しています。
＊実際にはウールの手編み糸を使っているので、
　柔らかな風合を出すために、糸はあまり引きすぎないようにしましょう。

作品の端は写真のように2枚が重なっている状態。色を替えたところで2枚がつながっているのでずれない。

1 同じ結び(逆三角形の柄)を配色違いで2枚結ぶ。糸の中央から結び始めるので、上を4本ぐらいずつひと結びで束ねておく。

2 表側を上にして2枚を重ねる。

3 2枚一緒にピンでとめる。右端から下の糸を上に、上の糸を下に入れ替える。入れ替える糸は端の糸以外は必ず糸と糸の間に1本糸を入れるようにする。

4 左端も同様に糸を入れ替える。

5 上側にある糸はいったん上によけておく。

6 左側の糸(14本)も左によけておく。右側4本で平結び(p.47)を1回結ぶ。

7 同様に4本1組みで平結びを1回結ぶを繰り返す。斜めに1列できた。糸を入れ替えるときは始めに斜めに1列結び、糸を固定する。

8 右側の糸で平結び1回の七宝結び(p.47)を10段結ぶ(合計11段)。三角の形になる。

9 左側の糸も同様に平結び1回の七宝結びを11段結ぶ。三角の形になる。

10 5でよけていた糸を戻す。

11 6〜8と同様に平結び1回の七宝結びを11段結ぶ。三角の形になる。

12 9と同様に平結び1回の七宝結びを11段結ぶ。三角の形になる。

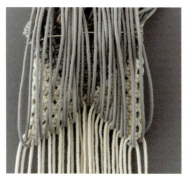

13 模様に合わせて上下の糸を入れ替えながら平結び1回の七宝結びを結んでいく。2枚が重なっていくので厚みが出る。

★ タッセルの作り方

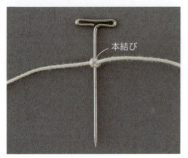

1 糸1本の中央にピンをのせ、本結び(p.48)を結んで写真のように置く。

2 糸(タッセルの出来上りの長さの約2倍)を指定の本数(写真は10本)切る。糸のよりをほぐし、束ねる。中央をそろえてピンの上にのせる。

3 1の糸で本結びを結び、束ねた糸をとめる。

4 ピンを外し、1の糸のよりをほぐし、二つ折りにする。ピンを外した部分は輪になる(この部分に丸かんや糸を通してモチーフとつなげる)。

5 糸1本でまとめ結び(p.49)を6回くらい巻いて結ぶ。糸端を指定の長さ(作品によって異なる)に切りそろえる。

★ リボンどめ金具のつけ方

1 結び終りの糸端を裏側に折り返し、接着剤でとめる。

2 接着剤が乾いたら、糸端を0.2～0.3cmにカットする。結び始めに糸端がある場合も1、2と同様に始末する。

3 リボンどめ金具にモチーフを差し込み、ペンチではさんで締める。

Basic Technique

基本の結び方

*結び名の下の記号はそれぞれの結びの種類を表わします。各作品の作り方の記号図にも記載されています。

★ 平結び（左上平結び）

1回　3回

平らな目になる最も基本的な結び方。外側の左右2本が結び目、中心の2本が芯糸になります。

1
結び糸Aを芯糸2本の上に渡し、結び糸Bを上にのせる（①）。結び糸Bを芯糸2本の下にくぐらせ、結び糸Aの上から出す（②）。

2
A、Bの糸を左右に引く。ここまでで平結び0.5回。

3
Aを芯糸の上に渡し、Bを上にのせる（①）。Bを芯糸の下にくぐらせ、Aの上から出す（②）。

4
A、Bを左右にしっかりと引く。平結び1回の出来上がり。

5
1～4を全部で3回繰り返したところ。最後に縦に渡る糸が左にあれば平結びが完成している。右にあればまだ1、2を結んだ段階。

★ 右上平結び

1回

左上平結びと同じ要領ですが、A、Bの結び糸の操作が左右逆になります。

1
結び糸Bを芯糸2本の上に渡し、結び糸Aを上にのせる（①）。結び糸Aを芯糸2本の下にくぐらせ、結び糸Bの上から出す（②）。

2
A、Bの糸を左右に引く。ここまでで平結び0.5回。

3
Bを芯糸の上に渡し、Aを上にのせる（①）。Aを芯糸の下にくぐらせ、Bの上から出す（②）。

4
A、Bを左右にしっかりと引く。平結び1回の出来上がり。

★ 平結びの七宝結び

七宝結びは1段ごとに糸をずらしながら平結びをし、結び目が段ごとに交互に並ぶように作る方法。下の図は最も一般的な「七宝つなぎ」の模様の結び方ですが、結びの回数、結び目と結び目の間隔を変えたり、ほかの結びを加えるなど応用はいろいろあります。

1
芯糸を2本にして、左右に1回ずつ平結びをする。

2
1で結び糸にしていた糸を芯糸にして、平結びをする。

3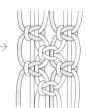
同様に芯糸をずらしながら結ぶ。

✱二つ折りの結び始め

平結び、ねじり結びの結び始めの方法です。左右どちらかのひも1本を二つ折りにする場合もあります。

1
糸を二つ折りにし、上の輪をそろえて2本並べてピンでとめる。

2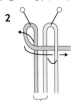
内側2本を芯糸にし、平結びを結ぶ。

3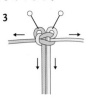
糸を左右に引く。芯糸は下に引き、上の輪を小さくする。

✱平結びの結び糸の足し方

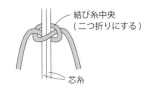

芯糸の下に結び糸の中央を合わせ、結び始める(図は平結び0.5回まで結んだ状態)。

✱しゃこ結び

平結び4回のしゃこ結び

続けて結んだ平結びを巻き上げて立体的な玉を作る方法。かぎ針を入れるスペースはあらかじめあけておくと作りやすいですが、あまり間隔をあけすぎないようにしてください。記号図の数字は平結びを結ぶ回数を表わしています。回数が多いほど大きい玉になります。

1
平結びを4回(p.47参照)結ぶ。

2
1の平結びをする前の芯糸2本の間のスペースからかぎ針で芯糸を引き出す。

3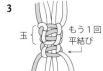
芯糸を2本真下に引っ張ると平結び部分がくるりと丸い玉になる。さらにもう1回しっかり平結びをして玉を固定する。

4
最後に芯糸を左右に広げて引くと玉が立ち上がる(最後の平結びは玉の下に隠れる)。しゃこ結び1目の出来上り。

✱ねじり結び

1回 5回

平結びの最初の0.5回分を繰り返して結ぶと、左から右へとねじれたひもになります。

1
平結びの0.5回まで結ぶ(平結び1、2と同様)。これでねじり結び1回。

2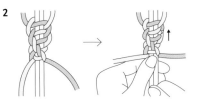

1を繰り返して結んでいくと、結び目が左から右へねじれていく。こぶが半回転したら、芯糸を持って引き上げ、結び目の間隔を詰める(充分ねじれていたらこの作業はしなくていい)。そのあと、結び糸の左右を入れ替え、同様に結んでいく。
＊半回転するまでの回数は糸の引き方などで違ってくるので、自然に半回転するまでの回数を覚えてそれを繰り返す。

✱本結び

2本の糸を、1回めと2回めで逆方向に糸をかけて結ぶ方法。シンプルでほどけにくい結び方です。

1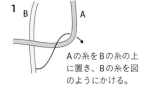
Aの糸をBの糸の上に置き、Bの糸を図のようにかける。

2
A、Bの糸を引き締める。

3
Aの糸をBの糸の上に置き、Bの糸を図のようにかける。

4
糸を引き締める。本結びの出来上り。

★左タッチング結び

|=

タティングレースの結びと同様の結び方。結び糸が常に芯糸の左側に出ます。

1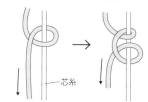

芯糸

まず、結び糸(左の糸)を芯糸の手前から巻き、引き締める。続けて結び糸を芯糸の後ろから巻き、できた輪に通して引き締める。

2

結び目をしっかり引き締める。左に結び糸が出る。1回出来上り。

3

1、2を繰り返して結ぶ場合はすきまなく結ぶときれいに仕上がる。

★右タッチング結び

=|

左タッチング結びと同じ要領ですが、結び糸が常に芯糸の右側に出ます。

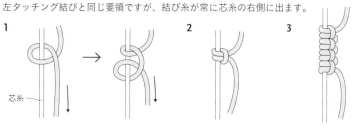

芯糸

まず、結び糸(右の糸)を芯糸の手前から巻き、引き締める。続けて結び糸を芯糸の後ろから巻き、できた輪に通して引き締める。

結び目をしっかり引き締める。右に結び糸が出る。1回出来上り。

1、2を繰り返して結ぶ場合はすきまなく結ぶときれいに仕上がる。

★まとめ結び

ラッピング結びとも呼ばれ、糸の束などに糸をぐるぐると巻きつけてまとめる方法です。

1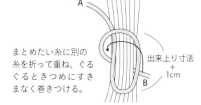

まとめたい糸に別の糸を折って重ね、ぐるぐるときつめにすきまなく巻きつける。

出来上り寸法+1cm

2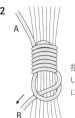

指定の寸法を巻いたら、下の輪に糸端Bを通す。

3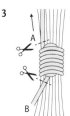

糸端Aを上に引くと下の輪が巻いた糸に入り、Bの糸端が固定される。A、Bの根もとでカットする。

★ひと結び

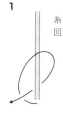

1本の糸、または複数の糸をひとまとめにして結ぶ方法です。

1

糸を矢印のように回して結ぶ。

2

下に引いて締める。

3 1本　2本以上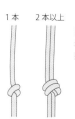

出来上り。複数の糸の場合もまとめて同様に結ぶ。

★巻結び

芯糸に結び糸が正しく巻きついているか、慣れないうちはよく確認しながら作業しましょう。

記号の見方

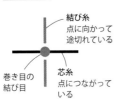

結び糸 点に向かって途切れている
巻き目の結び目
芯糸 点につながっている

巻結びの糸の取りつけ方

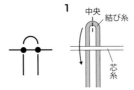

1 芯糸の後ろに二つ折りにした結び糸を置き、中央を前に倒す。

2 結び糸の両端を輪の中から引き出し、引き締める。

3 結び糸の端をそれぞれ手前から芯糸にかけ、矢印のように引き出す。

4 左右の糸を引き締める（最初の結び目とすきまができないように糸を寄せる）。

5 出来上り。

○横巻結び

……左から右に向かって巻く場合

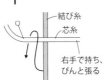

1 芯糸を結び糸（縦）に交差させてピンでとめ、右手で持ってぴんと張る。結び糸を左手で持ち、矢印のように芯糸に巻いて引き締める。

2 続けて、矢印のように結び糸を巻く。

3 下側の結び糸を引き締める。

4 1目出来上り。

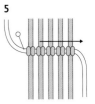

5 結び目を増やす場合は、結び糸を右側に足していく。

……右から左に向かって巻く場合

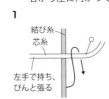

1 芯糸を結び糸（縦）に交差させてピンでとめ、左手で持ってぴんと張る。結び糸を右手で持ち、矢印のように芯糸に巻いて引き締める。

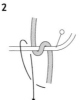

2 続けて、矢印のように結び糸を巻く。

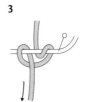

3 下側の結び糸を引き締める。

4 1目出来上り。

5 結び目を増やす場合は、結び糸を左側に足していく。

段数を増やす場合

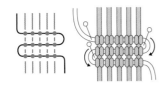

1段結び終わったら、芯糸を端で折り曲げ、次の段を結ぶ。この時、上段の結び目と離れないように、巻結びの1目めを引き締める際に、芯糸を斜め上に引き上げて、間を詰めるといい。

糸を足して目を増す場合

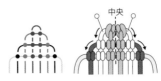

「巻結びの糸の取りつけ方」で取りつけたら、次の段を結ぶごとに新しい糸を中央でそろえて置き、芯糸にする。糸端は次の段では矢印のようにおろして横巻結びを結ぶ。段が増すごとに目数が増える。

○縦巻結び　……左から右に向かって巻く場合

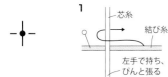

1	2	3	4	5
結び糸を芯糸(縦)に交差させてピンでとめ、芯糸の下を左手で持ってぴんと張る。結び糸を右手で持ち、矢印のように芯糸に巻いて引き締める。	続けて、矢印のように結び糸を巻く。	右側の結び糸を引き締める。	1目出来上り。	結び目を増やす場合は、芯糸を右側に足していく。

……右から左に向かって巻く場合

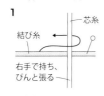

1	2	3	4	5
結び糸を芯糸(縦)に交差させてピンでとめ、芯糸の下を右手で持ってぴんと張る。結び糸を左手で持ち、矢印のように芯糸に巻いて引き締める。	続けて、矢印のように結び糸を巻く。	左側の結び糸を引き締める。	1目出来上り。	結び目を増やす場合は、芯糸を左側に足していく。

段数を増やす場合

1段結び終わったら、結び糸を端で折り曲げ、次の段を結ぶ。結んだあと、前の段とすきまがある場合は、すきまを詰めるように結び目を上に押し上げるといい。

○斜め巻結び

……左下に向かう場合

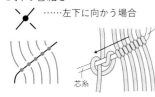

芯糸を右から左下に斜めにぴんと張り、横巻結び(p.50)と同様に結ぶ。

……右下に向かう場合

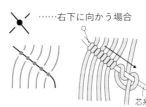

芯糸を左から右下に斜めにぴんと張り、横巻結び(p.50)と同様に結ぶ。

……ジグザグに結ぶ場合

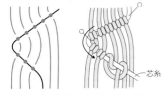

芯糸をジグザグになるように折り返しながら、横巻結びと同様に結ぶ。

……段数を斜めに増やす場合

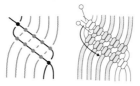

芯糸を1段ごとに替えながら、横巻結びと同じように結ぶ。

……中央をクロスで結ぶ場合

左右からそれぞれ斜め巻結びを2目ずつ結ぶ。中央部分は芯糸2本のうち1本を結び糸にして「左下に向かう場合」で1目結ぶ。

作り方のポイント

1　糸の準備

作り始める前に、糸を作り方に記載した指定の長さと本数に切りそろえておきます。
結ぶときの糸の引き方などで必要な長さが少し違ってきますので、
規定の長さより、少し長めに余裕を持って切っておくと安心です。
できたら、結びの練習も兼ねて、作品に使用する糸を使ってきりいい長さ分を試し結びし、
それをもとに全体の必要な長さを計算すると正確です。

［長い糸のまとめ方］
長い糸を使う作品の場合は、
それぞれの糸をあらかじめ、図のように巻いてまとめておくと、
結ぶ際にも作業しやすくなります。

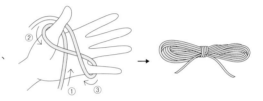

［太い糸を使う場合］
太めの糸（この本ではコットンスペシャル）は玉巻きではなく、かせになっていることが多いので、
いったん、玉状に巻き取ってから、寸法をはかって切るようにします。
かせのままだと、糸がからまりやすいので注意しましょう。
また、糸によっては、よりが途中で自然にほどけてくることがあるので、
その場合は糸端をひと結びしておいたり、テープを巻いてから、切るといいでしょう。
この本では手編み糸（メリノスタイル極太、リネンラミーコットン並太）も使用していますが、
手編み糸はマクラメ用の糸に比べてよりがほどけやすく、毛羽立ちやすいので、取り扱いには注意しましょう。
伸縮性があるので、最初に糸の準備をするときは、糸を引っ張らないように自然に伸ばして長さをはかり、切ります
（糸をぴんと引っ張って切ると、長さが短くなってしまうので注意）。

［糸の長さの目安］
結びの技法ごとに必要な糸の長さの目安です。あくまでも目安なので、少し長めに用意しておくと安心です。

［結び目の種類］　　　　［長さの目安、出来上り寸法に対して］
平結び　　　　　　　　5～6倍
ねじり結び　　　　　　5～6倍
しゃこ結び（平結び4回）13～14倍
巻結び　　　　　　　　6～7倍

＊糸の間隔をあけて作る平結びの七宝結びの場合は、結び目の間隔によって、必要な糸の長さが違ってきます。

2 ピンのとめ方

作り始めはコルクボード(マクラメボード)に糸を二つ折りにしてマクラメピンでとめて、作業を始めます。
マクラメピンは外側向き(糸が引っ張られる方向と逆の方向に少し傾ける)に、糸の中心にとめるのがポイントです。
マクラメピンは細めの糸は針先の細い小さなサイズを、太めの糸は針先の太い大きなサイズを選びましょう。
最初に糸をとめるときは、基本的には作品の仕上りサイズをだいたいの参考にして
等間隔でピンでとめていきます(糸の間隔があかず、自然に糸が並ぶ状態)。
ピンは作業を進めていく過程で、やりやすいようにはずしたり、とめ直してください。
特に大きめの作品(マフラーやマットなど)や長めのアクセサリーなどは
結んでいる箇所の近くにピンを適宜移動させてとめ、作業するようにしてください。

3 きれいに作るこつ

■ しっかりと糸を引いて結ぶ

引く力加減は常に一定に、目の大きさをそろえて作っていきます。
結び目がゆるまないように、1回1回しっかりと糸を引いて結ぶことが、
かっちりときれいに仕上げるポイントです。

■ 結びの位置を確認する

コルクボード(マクラメボード)の方眼のラインを目安に、
結び目の位置がきれいにそろうように確認しながら作業しましょう。
結びと結びの間に渡る糸もゆるんだり、きつすぎないように、自然に渡るように気をつけます。

4 糸端の始末

結び終わったあとは糸始末をします。
基本的には糸端は、裏側に折り曲げて手芸用接着剤ではったあとに短く切りそろえます。
そのあとにブレスレットの場合はリボン金具を両端につけたり(p.46参照)、
ブローチの場合は裏にフェルトや合皮スエードをはって仕上げます(p.41参照)。
＊ブレスレット、ネックレス、マフラーなどは糸端をそのまま、フリンジにして仕上げる場合もあります。
＊糸端を焼きどめで処理できる糸もあります(焼きどめの方法はp.39参照)
＊糸のよりをほぐしてフリンジにする場合は、指でよりと反対に糸をねじって、ばらばらにします。

作品の作り方ページ(p.54〜95)の記載について

＊材料の項を参照して糸を用意し、記号図を参照して結び、仕上げてください(それぞれの結び方と結び記号はp.47-51参照)。
＊出来上りサイズは幅×長さで表記しています。ブレスレットはとめ具などの金具部分を除いたモチーフ部分の長さを記載しています。
＊記号図の中の数字は、表記していないものはcmです。

作品の作り方

Choker
サンプラーチャームのチョーカー ▷p.4

小さな結びのサンプラーを作り、
巻結びでネック部分のコードを作りながら、
ところどころに取りつけて仕上げていきます。
短く作ってブレスレットにも。

● 出来上がりサイズ(モチーフ部分)
幅約0.5〜2.8cm、長さ約39cm

● 材料
たこ糸小巻き #10(生成り)
糸A：150cmを1本、糸B：80cmを7本、
糸C：50cmを12本、糸D：40cmを8本、
糸E：30cmを3本
ボタン　直径1.5cmを1個

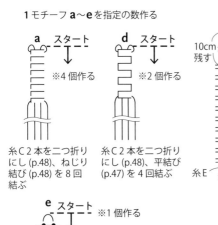
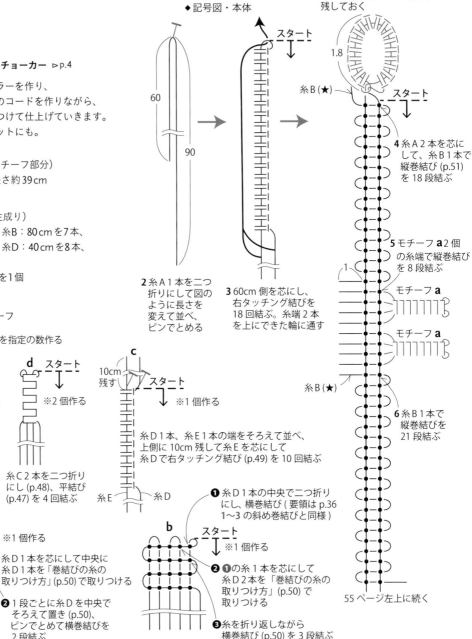

55ページ左上に続く

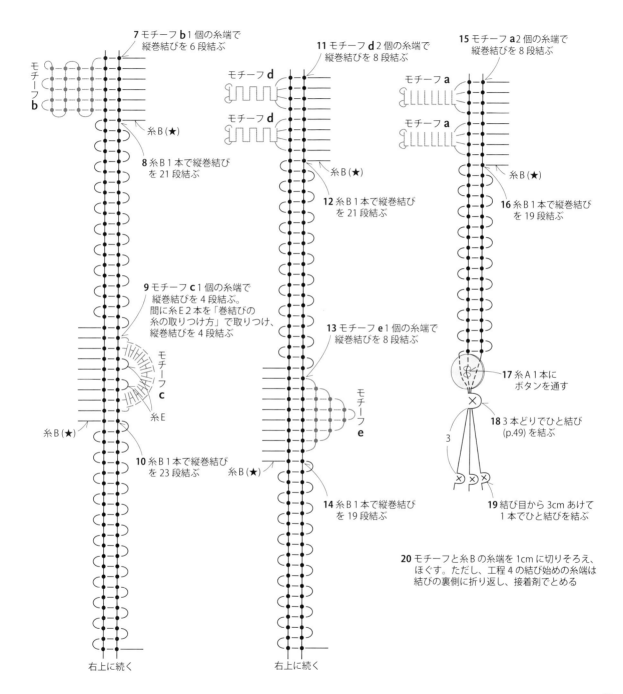

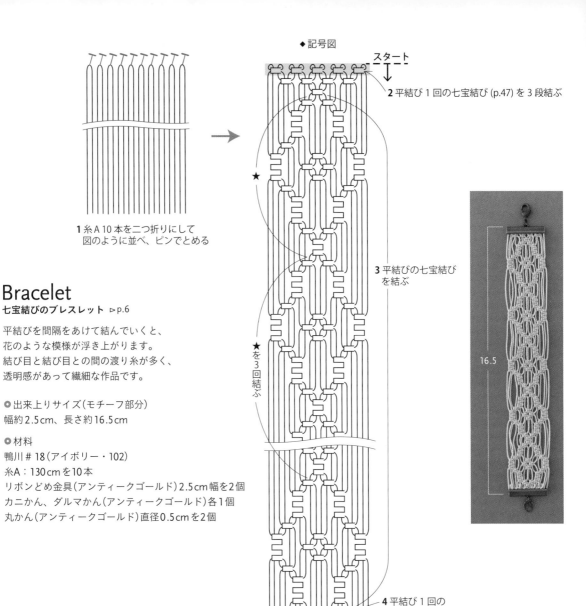

1 糸A 10本を二つ折りにして図のように並べ、ピンでとめる

◆記号図

スタート

2 平結び1回の七宝結び(p.47)を3段結ぶ

3 平結びの七宝結びを結ぶ

★〜★を3回結ぶ

4 平結び1回の七宝結びを3段結ぶ

5 糸端を始末し、□部分をリボンどめ金具に差し込む(p.46)

6 リボンどめ金具にカニかん、ダルマかんを丸かんでつける

16.5

Bracelet
七宝結びのブレスレット ▷p.6

平結びを間隔をあけて結んでいくと、花のような模様が浮き上がります。結び目と結び目との間の渡り糸が多く、透明感があって繊細な作品です。

○ 出来上がりサイズ(モチーフ部分)
幅約2.5cm、長さ約16.5cm

○ 材料
鴨川 # 18(アイボリー・102)
糸A：130cmを10本
リボンどめ金具(アンティークゴールド)2.5cm幅を2個
カニかん、ダルマかん(アンティークゴールド)各1個
丸かん(アンティークゴールド)直径0.5cmを2個

Charm

幾何学チャーム ▷p.8

モチーフは平結びを間隔をあけずに結んで作り、
糸端は焼きどめしています。
リングパーツに丸かんとナスかんをつけて
バッグやポーチのファスナーの引き手につけたり、
チェーンをつないでアクセサリーにしたり、
いろいろな使い方ができます。

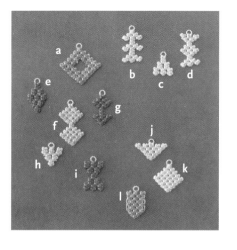

◉ 出来上がりサイズ（モチーフ部分。アルファベットは右の写真参照）
a…約3×2.5cm、**b**…約1.5×2cm、**c**…約1.5×1.3cm、**d**…約1.5×2.3cm、
e…約1.3×2cm、**f**…約1.7×3cm、**g**…約1.4×2cm、**h**…約1.5×1.2cm、
i…約1.5×2cm、**j**…約2.3×1cm、**k**…約2.2×1.8cm、**l**…約1.4×1.8cm

◉ 材料
マイクロマクラメコード
a…（ライトブラウン・1454）　糸A：20cmを16本
b,d…（チャイ・1464）　糸A：40cmを2本、糸B：25cmを6本、糸C：15cmを6本
c…（チャイ・1464）　糸A：30cmを2本、糸B：25cmを2本、糸C：15cmを2本
e…（にびいろ・1462）　糸A：40cmを2本、糸B：30cmを2本、糸C：20cmを2本
f…（ベージュ・1455）　糸A：40cmを2本、糸B：25cmを8本、糸C：15cmを4本
g,i…（にびいろ・1462）　糸A：40cmを2本、糸B：20cmを8本
h…（ベージュ・1455）　糸A：30cmを2本、糸B：25cmを2本、糸C：15cmを2本
j…（チャイ・1464）　糸A：25cmを2本、糸B：20cmを4本、糸C：15cmを4本
k…（チャイ・1464）　糸A：35cmを2本、糸B：30cmを2本、糸C：25cmを2本、
　　　糸D：20cmを2本、糸E：15cmを2本
l…（ライトブラウン・1454）　糸A：35cmを2本、糸B：30cmを4本
〈**a～l**共通〉
フープパーツツイスト（ゴールド）直径0.5cmを1個

◆ 記号図・**a～l**共通

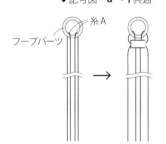

1 糸A2本をフープパーツに通し、
　二つ折りにする。
　平結び（p.47）を1回結ぶ
※**c**、**e**、**h**、**i**は平結びを2回結ぶ

◆ 記号図・**a**

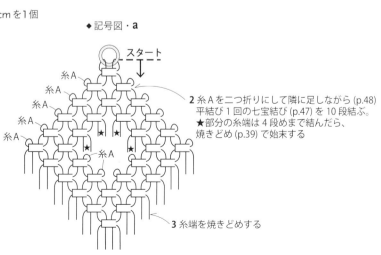

2 糸Aを二つ折りにして隣に足しながら（p.48）
平結び1回の七宝結び（p.47）を10段結ぶ。
★部分の糸端は4段めまで結んだら、
焼きどめ（p.39）で始末する

3 糸端を焼きどめする

※糸の種類は記号図に記載。
※段数を数えるとき、平結びを数回続けて結んでいる箇所は1段としてカウントする(記号図 b 参照)。

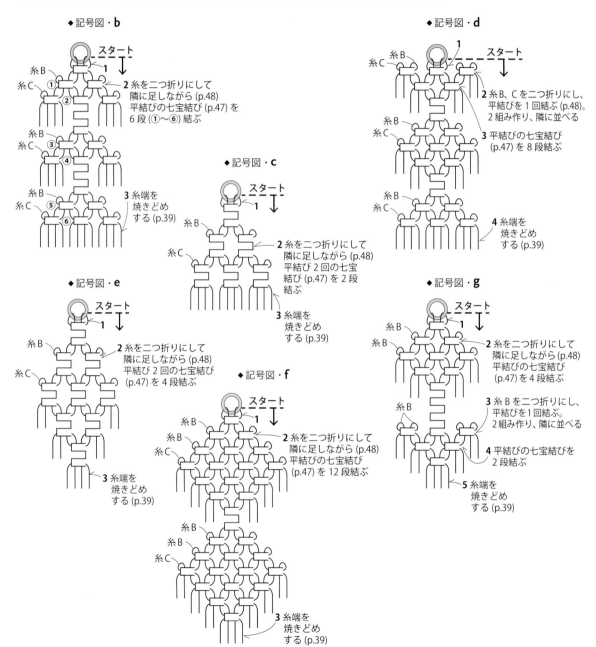

※糸の種類は記号図に記載。

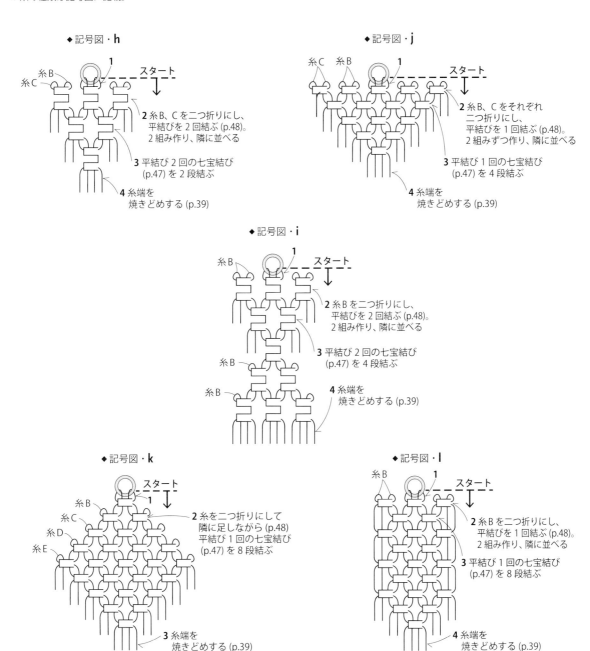

Earrings
リーフモチーフのピアス ▷p.10

ステンレスコードのメタリックで
張りのある素材感を生かしたピアス。
コードを長めの9ピンに直接巻結びをして作ります。
糸端は自由なラインにカットしてアレンジしても。

◉出来上りサイズ（モチーフ部分）
写真左…幅約2.2cm、長さ約3.5cm
写真右…幅約2cm、長さ約3.5cm

◉材料（写真左、写真右は記載以外どちらも材料は同じ）
ステンレスコード0.8mm（Newゴールド・715）
糸A：100cmを2本
9ピン（ゴールド）太さ0.7、長さ60mmを2本
Tピン（ゴールド）太さ0.7、長さ25mmを2本
フックピアス（ゴールド）1組み
写真左…デザインビーズ（ゴールド）　約0.5×0.7cmを2個
写真右…シェルビーズ　直径0.8cmを2個

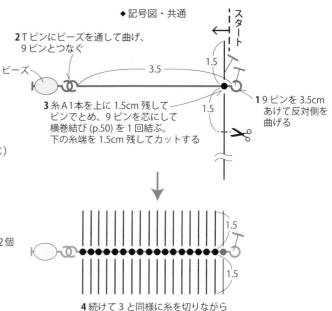

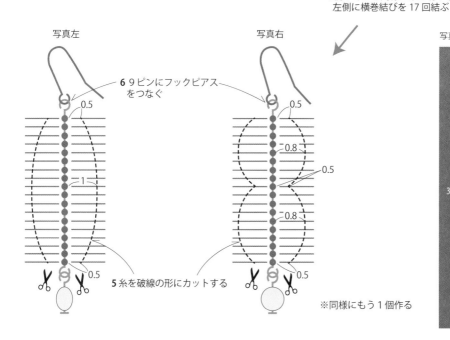

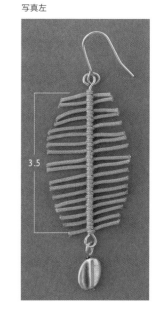

写真左

Motif
幾何学モチーフ ▷p.12

結びやすいたこ糸を使って、
ドリルの問題を解くように
巻結びでいろいろな形を作ってみましょう。
マスターしたら、
応用でオリジナルの形も作れるようになります。

◉ 出来上りサイズ（モチーフ部分。アルファベットは右の写真参照）
a…約3.2×2.8cm、**b**…約3×2.5cm、**c**…約3.4×1.7cm、
d…約3.3×3.3cm、**e**…約2.7×2.8cm、**f**…約4.8×1.8cm、
g…約3.4×2.9cm、**h**…約2.2×2.2cm、**i**…約1.1×3.5cm、
j…約2.5×3cm、**k**…約2.2×3.2cm、**l**…約3.5×2cm、
m…約2.3×3cm、**n**…約1.5×4cm、**o**…約3.3×3.7cm、
p…約2.7×2.7cm、**q**…約2.7×2.7cm、**r**…約1.9×3.9cm

◉ 材料
たこ糸小巻き#10（生成り）
- **a**…糸A：70cmを3本、糸B：50cmを11本
- **b**…糸A：60cmを4本、糸B：40cmを6本
- **c**…糸A：50cmを10本
- **d**…糸A：60cmを9本、糸B：30cmを2本、糸C：50cmを1本
- **e**…糸A：70cmを3本、糸B：50cmを6本
- **f**…糸A：50cmを10本、糸B：40cmを4本
- **g**…糸A：70cmを3本、糸B：40cmを8本
- **h**…糸A：50cmを7本
- **i**…糸A：80cmを4本
- **j**…糸A：60cmを3本、糸B：50cmを1本、糸C：40cmを4本
- **k**…糸A：70cmを4本
- **l**…糸A：50cmを10本
- **m**…糸A：50cmを8本、糸B：40cmを1本、糸C：30cmを6本
- **n**…糸A：80cmを4本、糸B：60cmを1本
- **o**…糸A：70cmを3本、糸B：30cmを2本、糸C：40cmを7本
- **p**…糸A：60cmを7本、糸B：30cmを1本
- **q**…糸A：70cmを5本
- **r**…糸A：70cmを5本、糸B：50cmを1本

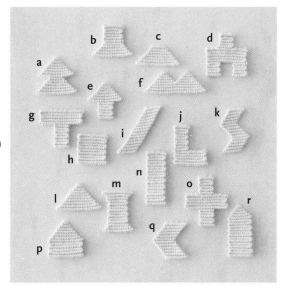

◆ 記号図・**a**

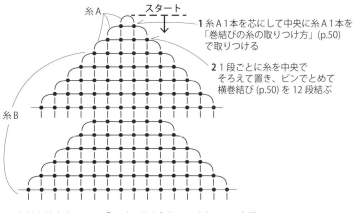

1 糸A1本を芯にして中央に糸A1本を
「巻結びの糸の取りつけ方」(p.50)
で取りつける

2 1段ごとに糸を中央で
そろえて置き、ピンでとめて
横巻結び(p.50)を12段結ぶ

3 糸端を始末する（p.46「リボンどめ金具のつけ方」1、2参照。
糸端は約0.7cmにカット）

※結び始めの糸端(★)は3cm残しておく。最後の糸端の始末はp.46「リボンどめ金具のつけ方」1、2参照。糸端は約0.7cmにカット。

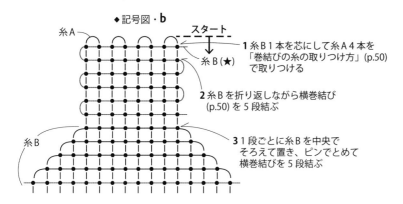

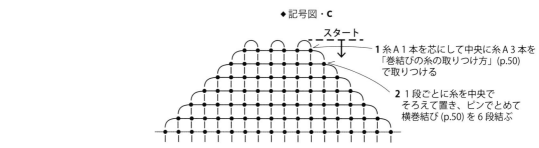

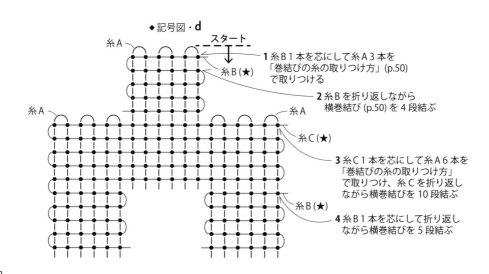

※結び始めの糸端（★）は3cm残しておく。最後の糸端の始末はp.46「リボンどめ金具のつけ方」1、2参照。糸端は約0.7cmにカット。

◆記号図・e・u (p.67)

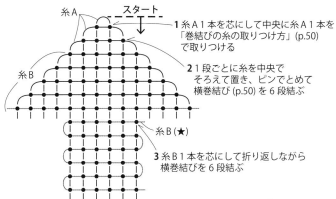

1 糸A1本を芯にして中央に糸A1本を「巻結びの糸の取りつけ方」(p.50)で取りつける

2 1段ごとに糸を中央でそろえて置き、ピンでとめて横巻結び(p.50)を6段結ぶ

3 糸B1本を芯にして折り返しながら横巻結びを6段結ぶ

◆記号図・f

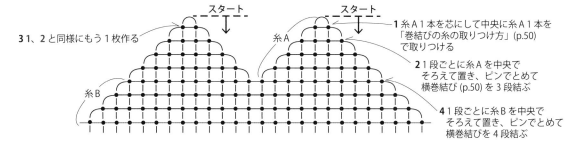

1 糸A1本を芯にして中央に糸A1本を「巻結びの糸の取りつけ方」(p.50)で取りつける

2 1段ごとに糸Aを中央でそろえて置き、ピンでとめて横巻結び(p.50)を3段結ぶ

3 1、2と同様にもう1枚作る

4 1段ごとに糸Bを中央でそろえて置き、ピンでとめて横巻結びを4段結ぶ

◆記号図・g

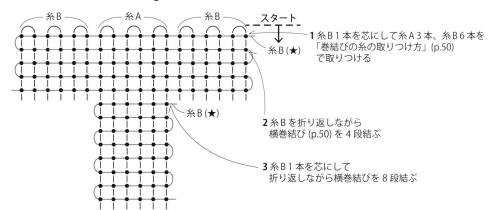

1 糸B1本を芯にして糸A3本、糸B6本を「巻結びの糸の取りつけ方」(p.50)で取りつける

2 糸Bを折り返しながら横巻結び(p.50)を4段結ぶ

3 糸B1本を芯にして折り返しながら横巻結びを8段結ぶ

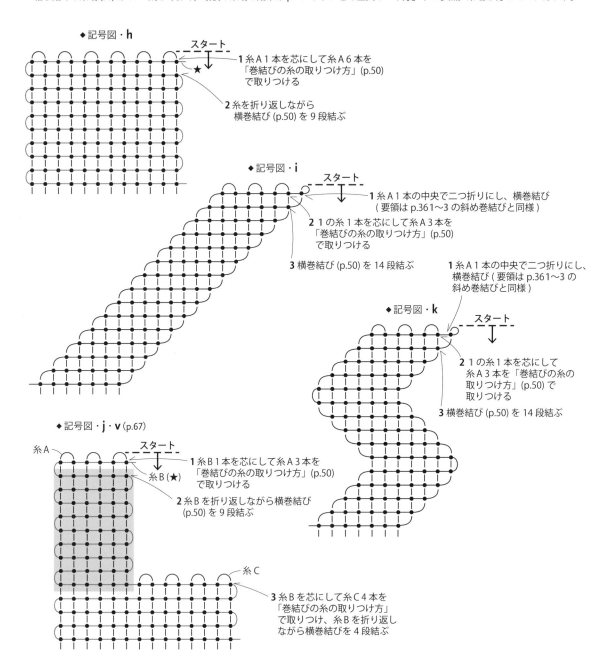

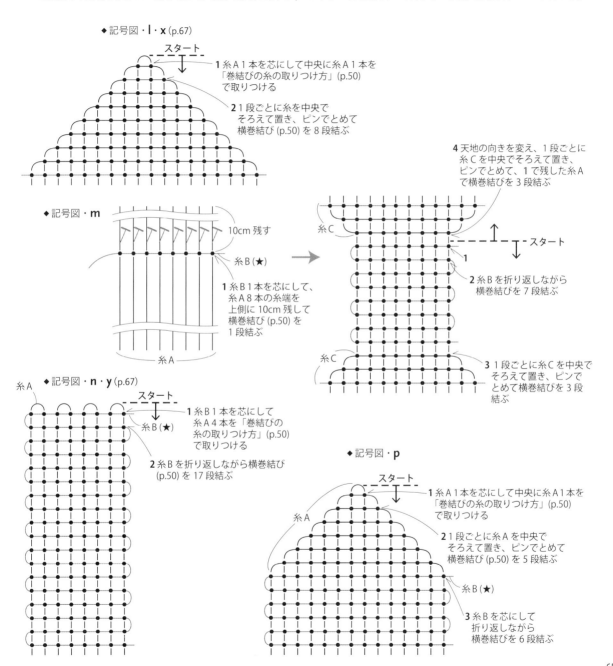

※結び始めの糸端（★）は3cm残しておく。最後の糸端の始末はp.46「リボンどめ金具のつけ方」1、2参照。糸端は約0.7cmにカット。

◆記号図・**o**・**s** (p.67)

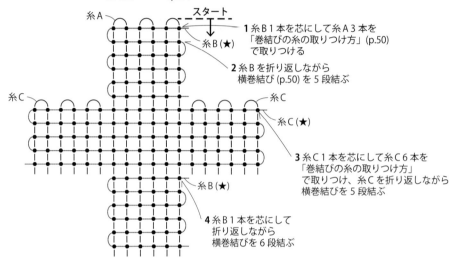

◆記号図・**q**・**t** (p.67)・**w** (p.67)

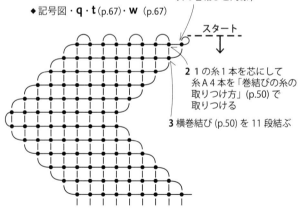

◆記号図・**r**

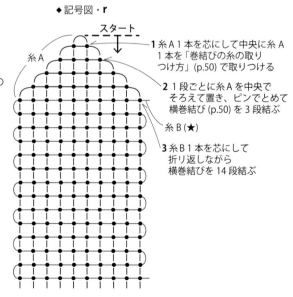

Pin Badge
幾何学モチーフのピンバッジ ▷p.13

12ページのモチーフの糸の種類や色を替えて。
金具をつけてピンバッジにしています。

◉ 出来上がりサイズ（モチーフ部分。アルファベットは右の写真参照）
s…約3.7×3.8cm、**t,w**…約2.7×2.4cm、**u**…約2.8×2.7cm、
v…約2.7×2.8cm、**x**…約3.5×1.8cm、**y**…約1.7×3.7cm

◉ 材料
リネンラミーコットン 並太（グレー・6）
s… 糸A：70cmを3本、糸B：30cmを2本、糸C：40cmを7本
u… 糸A：70cmを3本、糸B：50cmを6本
w… 糸A：70cmを5本
y… 糸A：80cmを4本、糸B：60cmを1本
リネンラミーコットン 並太（フレッシュグリーン・11）
t… 糸A：70cmを5本
v… 糸A：60cmを3本、糸B：50cmを1本、糸C：40cmを4本
x… 糸A：50cmを10本
〈**s〜y** 共通〉
合皮スエード（グレー）4×4cm
ピンバッジ金具（ゴールド）1個

＊糸の準備についてはp.52を参照。

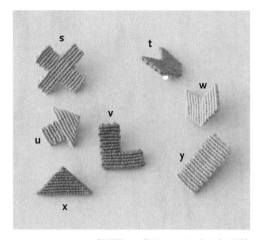

※記号図、工程は63〜66ページに記載

仕上げ方

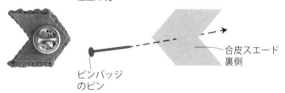

ピンバッジのピン　合皮スエード裏側

合皮スエードをモチーフよりひと回り小さくカットする。裏側からピンバッジのピンを刺し、モチーフ裏側にはる

Bracelet
ストライプ模様のブレスレット ▷p.9

リネン糸とメタリックな質感の糸の組合せ。
使用する結びは巻結びのカバンドリーワーク
（2色の糸を使って柄を作る結び）です。
シンプルなストライプ柄なので、くっきりと畝が浮き出るのが特徴。

◉ 出来上がりサイズ（モチーフ部分）
幅約1.5cm、長さ約18cm

◉ 材料（写真左、写真右どちらも材料は同じ）
リネン糸スペシャル（ベージュ・1202） 糸A：230cmを6本
ステンレスコード0.6mm（アンティークゴールド・711）
糸B：500cmを1本、150cmを1本
リボンどめ金具（アンティークゴールド）1.6cm幅を2個
カニかん、ダルマかん（アンティークゴールド）各1個
丸かん（アンティークゴールド）直径0.5cmを2個

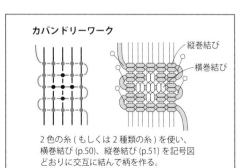

カバンドリーワーク

縦巻結び
横巻結び

2色の糸（もしくは2種類の糸）を使い、横巻結び（p.50）、縦巻結び（p.51）を記号図どおりに交互に結んで柄を作る。

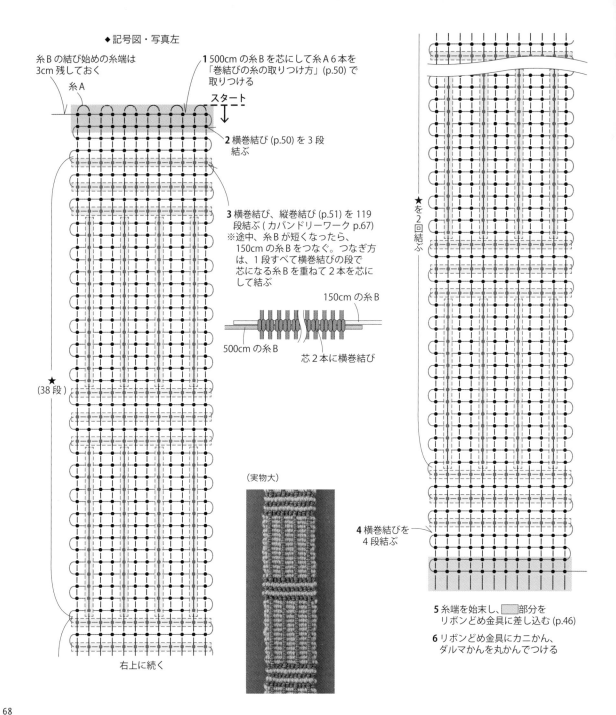

◆ 記号図・写真右

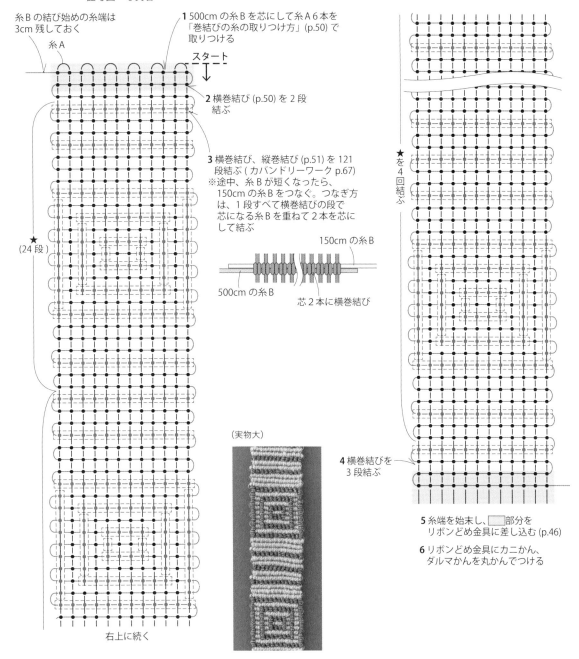

糸Bの結び始めの糸端は3cm残しておく
糸A

1 500cmの糸Bを芯にして糸A6本を「巻結びの糸の取りつけ方」(p.50)で取りつける

スタート

2 横巻結び(p.50)を2段結ぶ

3 横巻結び、縦巻結び(p.51)を121段結ぶ(カバンドリーワーク p.67)
※途中、糸Bが短くなったら、150cmの糸Bをつなぐ。つなぎ方は、1段すべて横巻結びの段で芯になる糸Bを重ねて2本を芯にして結ぶ

150cmの糸B
500cmの糸B
芯2本に横巻結び

★(24段)

★を4回結ぶ

(実物大)

4 横巻結びを3段結ぶ

5 糸端を始末し、☐部分をリボンどめ金具に差し込む(p.46)

6 リボンどめ金具にカニかん、ダルマかんを丸かんでつける

右上に続く

69

Necklace
フレームモチーフとフリンジのネックレス ▷p.14

巻結びのフレームモチーフにフリンジをつけると
重量感が出て、胸もとにしっくりおさまるネックレスに。
生成りでまとめたスクエアデザインと、
モチーフの角度を変えて黒いリリヤン糸とビーズで仕上げた菱形デザインの2種。

◉ 出来上がりサイズ（モチーフ部分）
写真左…約5×5cm、写真右…約3.5×3.5cm

◉ 材料
写真左…たこ糸小巻き＃10（生成り）　糸A：150cmを4本
太さ約1.8mmのリリヤン糸（黒）　糸B：40cmを15本、糸C：50cmを1本
ロマンスコード極細（ブラック・856／メルヘンアート）　糸D：140cmを1本
丸大ビーズ(オフホワイト つや消し)12個
写真右…たこ糸小巻き＃10（生成り）　糸A：150cmを4本、糸B：30cmを15本、糸C：50cmを1本
太さ約2.5mmの麻のコード（生成り）　糸D：110cmを1本

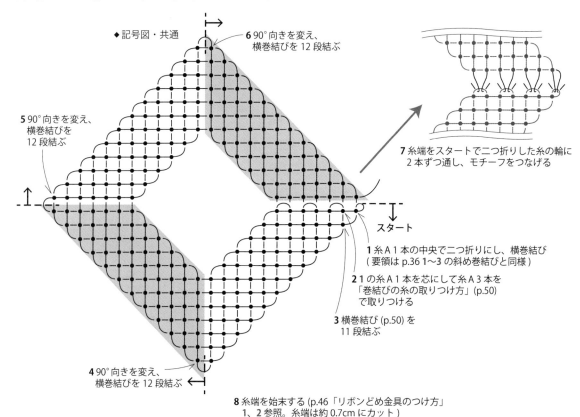

70

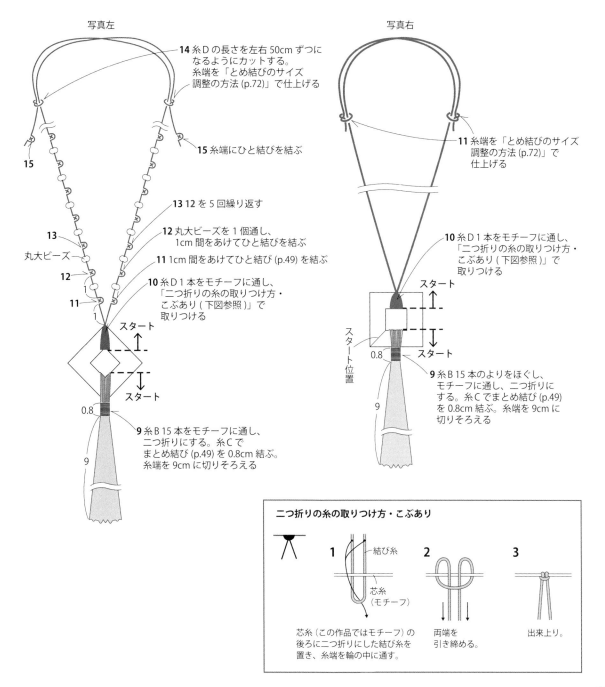

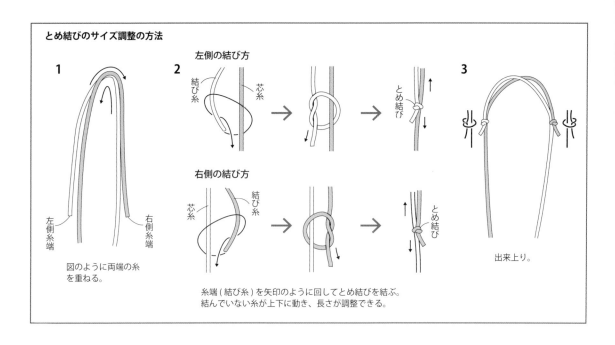

Brooch タッセルブローチ ▷p.16

あらかじめ作っておいたタッセルを、
途中でつけながら作る巻結びのモチーフ。
シンプルなモチーフでもタッセルのアレンジで、
存在感あるブローチになります。

◉ 出来上りサイズ（モチーフ部分。アルファベットは右の写真参照）
a, **b**…約3.5×3.5cm、**c**…約3.7×3.7cm、**d**…約4.3×2.8cm

◉ 材料
リネン糸スペシャル
a…（ベージュ・1202）　糸A：80cmを7本、糸B：10cmを108本、
　　　糸C：15cmを18本、（ブラック・1203）　糸D：10cmを27本
b…（ベージュ・1202）　糸A：80cmを7本、（ブラック・1203）
　　　糸B：15cmを17本
c…（ベージュ・1202）　糸A：130cmを5本、糸B：15cmを51本
d…（ブラック・1203）　糸A：50cmを22本、（ベージュ・1202）
　　　糸B：15cmを44本
〈**a**〜**d**共通〉
フェルト（**a**, **b**, **c**…ベージュ、**d**…黒）5×4cm
ブローチピン（ゴールド）　2.5cm幅を1個

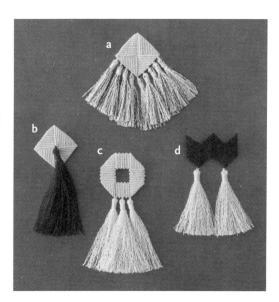

1 作品 **a** は糸 B12 本、糸 D 3 本、作品 **b** は糸 B 15 本のよりをほぐす。作品 **a** は糸 C 2 本、作品 **b** は B 2 本の糸でほぐした糸をまとめてタッセルを作る (p.46「タッセルの作り方」参照)。糸端は作品 **a** は 4cm、作品 **b** は 7cm に切りそろえる。作品 **a** は同様に 9 個、作品 **b** は 1 個作る

◆ 記号図・**a**・**b**

7 90°向きを変え、横巻結びを 13 段結ぶ

6 90°向きを変え、横巻結びを 13 段結ぶ。途中、1 で作ったタッセルの上の輪を作品 **a** は☆、作品 **b** は△の位置の糸に通す

8 糸端をスタートで二つ折りした糸の輪に 2 本ずつ通し、モチーフをつなげる

スタート

2 糸 A 1 本の中央で二つ折りにし、横巻結び (要領は p.361〜3 の斜め巻結びと同様)

3 2 の糸 1 本を芯にして糸 A 6 本を「巻結びの糸の取りつけ方」(p.50) で取りつける

4 横巻結び (p.50) を 12 段結ぶ

5 90°向きを変え、横巻結びを 13 段結ぶ。途中、1 で作ったタッセルの上の輪を作品 **a** は☆の位置の糸に通す

9 糸端を始末する (p.46「リボンどめ金具のつけ方」1、2 参照。糸端は約 0.7cm にカット)

10 フェルトをカットし、モチーフの裏側にはる (p.41「仕上げ方」参照)。最後にブローチピンを接着剤ではる (p.74 写真参照)

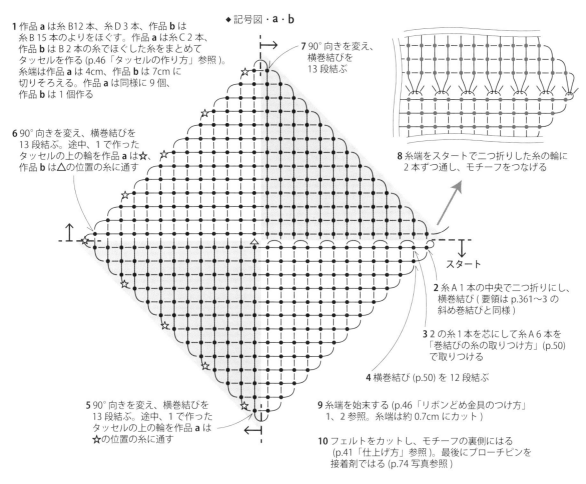

a
スタート位置
4

b
スタート位置
7

◆記号図・C

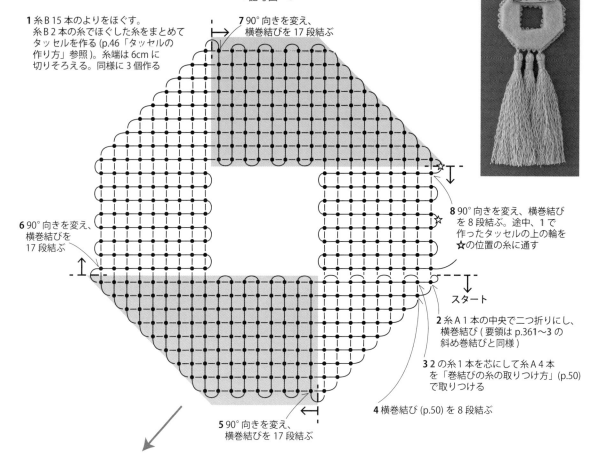

1 糸B15本のよりをほぐす。糸B2本の糸でほぐした糸をまとめてタッセルを作る(p.46「タッセルの作り方」参照)。糸端は6cmに切りそろえる。同様に3個作る

7 90°向きを変え、横巻結びを17段結ぶ

6 90°向きを変え、横巻結びを17段結ぶ

8 90°向きを変え、横巻結びを8段結ぶ。途中、1で作ったタッセルの上の輪を☆の位置の糸に通す

スタート

2 糸A1本の中央で二つ折りにし、横巻結び(要領はp.361〜3の斜め巻結びと同様)

3 2の糸1本を芯にして糸A4本を「巻結びの糸の取りつけ方」(p.50)で取りつける

4 横巻結び(p.50)を8段結ぶ

5 90°向きを変え、横巻結びを17段結ぶ

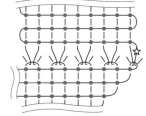

9 糸端をスタートで二つ折りした糸の輪に2本ずつ通し、モチーフをつなげる。途中、1で作ったタッセルの上の輪を☆の位置の糸に通す

10 糸端を始末する(p.46「リボンどめ金具のつけ方」1、2参照。糸端は約0.7cmにカット)

11 フェルトをカットし、モチーフの裏側にはる(p.41「仕上げ方」参照)。最後にブローチピンを接着剤ではる(右上の写真参照)

C

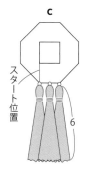

74

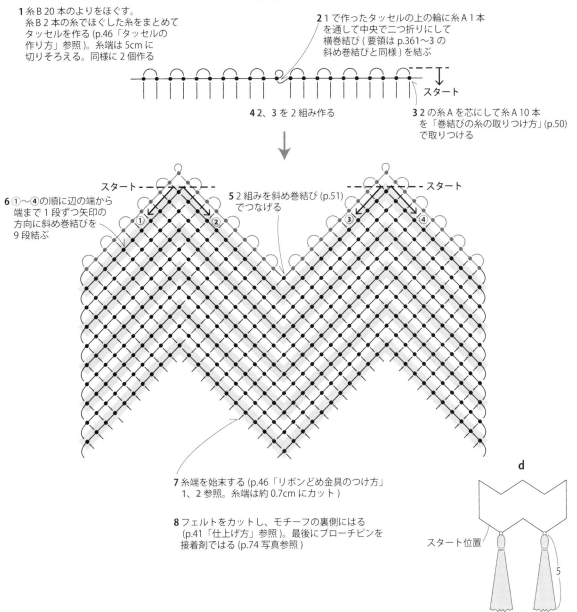

Barreta 砂紋バレッタ ▷p.19（写真右）

ブレスレット（p.42）とおそろいのパターンのバレッタ。
面積が広いので砂紋の風合いがよりはっきりと表現できます。
たこ糸を使っているのでさっぱりとした質感。

● 出来上がりサイズ
約6.5×3.7cm

● 材料
たこ糸小巻き#10（生成り）
糸A：80cmを18本、糸B：150cmを1本
バレッタ金具（シルバー）長さ5.7cmを1個

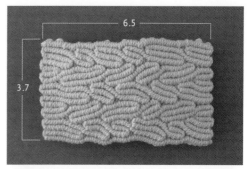

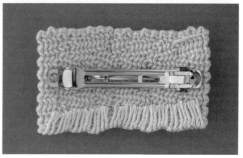

◆ 記号図

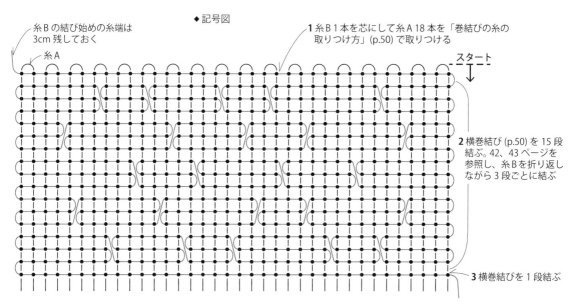

糸Bの結び始めの糸端は3cm残しておく
糸A

1 糸B1本を芯にして糸A18本を「巻結びの糸の取りつけ方」（p.50）で取りつける

スタート

2 横巻結び（p.50）を15段結ぶ。42、43ページを参照し、糸Bを折り返しながら3段ごとに結ぶ

3 横巻結びを1段結ぶ

4 糸端を始末し（p.46「リボンどめ金具のつけ方」1、2参照。糸端は約0.7cmにカット）、裏側にバレッタ金具をはる

(実物大)

Bracelet
ツイストパターンのブレスレット ▷P.20

太めのコードを細いリネン糸の巻結びでまとめて形作ります。
途中左右のコードを入れ替えて、
立体感のあるツイスト模様に仕上げていきます。

◉ 出来上がりサイズ（モチーフ部分）
幅約2.2cm、長さ約20cm

◉ 材料
コットンスペシャル2mm（生成り・1001）　糸A：70cmを5本
リネン糸スペシャル（ベージュ・1202）　糸B：80cmを7本
ボタン　直径1.5cmを1個
手縫い糸（生成り）　少々

◆ 記号図

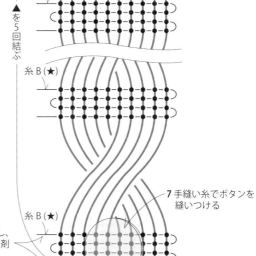

※糸Bの結び始めの糸端（★）は3cm残しておく

スタート

1 糸A5本を二つ折りにして図のように中央を1.5cm上に出して並べ、ピンでとめる

2 糸A10本を芯にして、糸B1本で縦巻結び（p.51）を4段結ぶ

3 糸Aを左右5本ずつに分け、右の5本を上にして交差する

4 結び目から2.5cmあけ、糸B1本で縦巻結びを4段結ぶ

▲を5回結ぶ

5 糸Bの糸端は1cmにカットし、結びの裏側に折り返し、接着剤でとめる

6 糸Aの糸端を1cmに切りそろえ、ほぐす

7 手縫い糸でボタンを縫いつける

77

Bracelet
リブデザインのブレスレット ▷p.21

芯の太さを変えながら進む巻結び。
ふかふかした感触のコードを芯にした巻結びは
慣れるまで少し戸惑うかもしれませんが、
そろってくると、美しいリブ模様の陰影が表われます。

◉ 出来上りサイズ（モチーフ部分）
幅約2.2cm、長さ約17cm

◉ 材料
（写真上、写真下は記載以外どちらも材料は同じ）
鴨川#18（写真上　ねずみ・108）、
（写真下　アイボリー・102）　糸A：260cmを5本、
糸B：280cmを1本
コットンスペシャル2mm（写真上　グレー・1005）、
（写真下　生成り・1001）　糸C：120cmを1本
リボンどめ金具（シルバー）2cm幅を2個
カニかん、ダルマかん（シルバー）各1個
丸かん（シルバー）直径0.5cmを2個

（実物大）

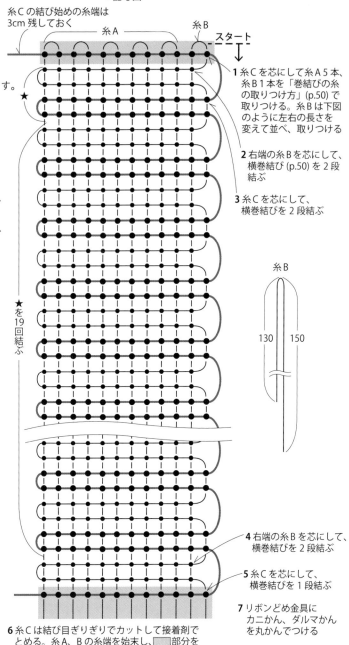

◆記号図

糸Cの結び始めの糸端は3cm残しておく

1 糸Cを芯にして糸A 5本、糸B 1本を「巻結びの糸の取りつけ方」(p.50)で取りつける。糸Bは下図のように左右の長さを変えて並べ、取りつける

2 右端の糸Bを芯にして、横巻結び(p.50)を2段結ぶ

3 糸Cを芯にして、横巻結びを2段結ぶ

★を19回結ぶ

糸B
130　150

4 右端の糸Bを芯にして、横巻結びを2段結ぶ

5 糸Cを芯にして、横巻結びを1段結ぶ

6 糸Cは結び目ぎりぎりでカットして接着剤でとめる。糸A、Bの糸端を始末し、▨部分をリボンどめ金具に差し込む(p.46)

7 リボンどめ金具にカニかん、ダルマかんを丸かんでつける

Corsage Brooch
コサージュブローチ ▷p.22

輪郭を太い芯糸で縁とった花のブローチ。
輪郭のラインと中の七宝結びの組合せが特徴的な花や葉のモチーフは、
可憐な中に主張のあるデザインです。

◎出来上りサイズ（モチーフ部分。アルファベットは右の写真参照）
a…約5×2.5cm、**b**…約4×6.5cm、**c**…約3.2×6cm、
d…約4.7×5.8cm、**e**…約4×5.5cm

◎材料
鴨川#18（アイボリー・102）
a…糸A：60cmを14本、糸C：50cmを1本
b…糸A：70cmを6本、糸C：80cmを2本、糸D：50cmを1本
c…糸A：60cmを7本、糸C：70cmを3本、糸D：50cmを1本
d…糸A：50cmを5本、糸C：80cmを2本、糸D：110cmを2本、糸E：130cmを2本
e…糸A：60cmを4本、糸C：80cmを3本、糸D：90cmを1本、糸E：50cmを1本
コットンスペシャル2mm（生成り・1001） **a,c,d,e**…糸B：50cmを1本、**b**…糸B：40cmを3本
〈**a〜e**共通〉
合皮スエード（グレー）5×5cm
フェルト（ベージュ）5×5cm
ブローチピン（ゴールド） 2.5cm幅を1個

◆記号図・**a**

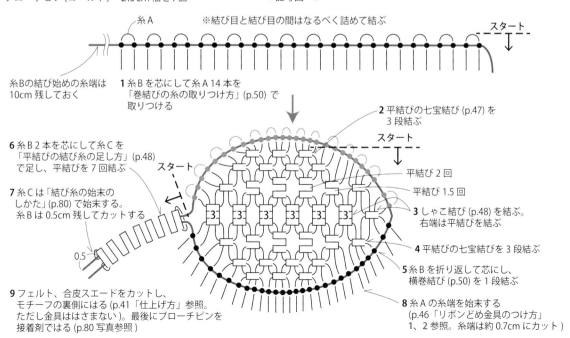

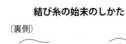

結び糸の始末のしかた
（裏側）

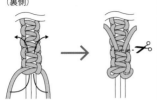

結び目の裏側に結び糸の糸端をレース針などで引き入れる。
結び目ぎりぎりで糸端をカットし、始末する。

◆記号図・b

※結び目と結び目の間はなるべく詰めて結ぶ

糸Bの結び始めの糸端は10cm残しておく

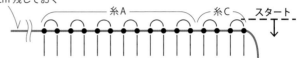

1 糸Bを芯にして糸A6本、糸C2本を「巻結びの糸の取りつけ方」(p.50)で取りつける

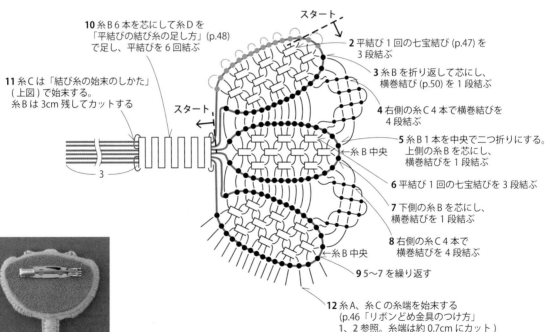

10 糸B6本を芯にして糸Dを「平結びの結び糸の足し方」(p.48)で足し、平結びを6回結ぶ

11 糸Cは「結び糸の始末のしかた」（上図）で始末する。
糸Bは3cm残してカットする

2 平結び1回の七宝結び(p.47)を3段結ぶ

3 糸Bを折り返して芯にし、横巻結び(p.50)を1段結ぶ

4 右側の糸C4本で横巻結びを4段結ぶ

5 糸B1本を中央で二つ折りにする。上側の糸Bを芯にし、横巻結びを1段結ぶ

6 平結び1回の七宝結びを3段結ぶ

7 下側の糸Bを芯にし、横巻結びを1段結ぶ

8 右側の糸C4本で横巻結びを4段結ぶ

9 5～7を繰り返す

12 糸A、糸Cの糸端を始末する
(p.46「リボンどめ金具のつけ方」1、2参照。糸端は約0.7cmにカット)

13 フェルト、合皮スエードをカットし、モチーフの裏側にはる
(p.41「仕上げ方」参照。ただし金具ははさまない)。
最後にブローチピンを接着剤ではる（左写真参照）

◆ 記号図・C

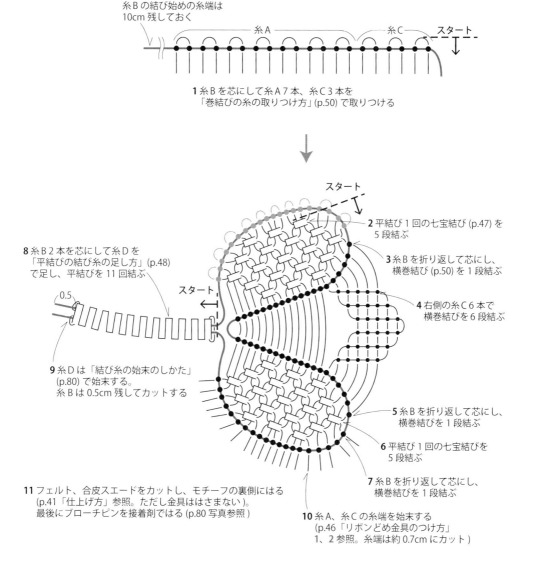

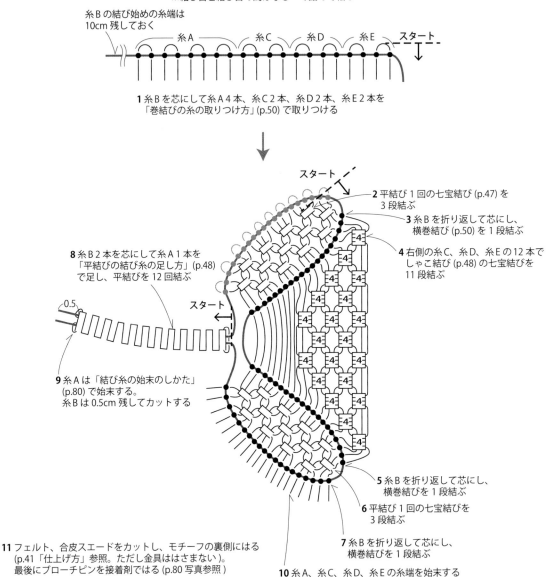

◆記号図・d

※結び目と結び目の間はなるべく詰めて結ぶ

糸Bの結び始めの糸端は10cm残しておく

1 糸Bを芯にして糸A4本、糸C2本、糸D2本、糸E2本を「巻結びの糸の取りつけ方」(p.50)で取りつける

2 平結び1回の七宝結び(p.47)を3段結ぶ

3 糸Bを折り返して芯にし、横巻結び(p.50)を1段結ぶ

4 右側の糸C、糸D、糸Eの12本でしゃこ結び(p.48)の七宝結びを11段結ぶ

5 糸Bを折り返して芯にし、横巻結びを1段結ぶ

6 平結び1回の七宝結びを3段結ぶ

7 糸Bを折り返して芯にし、横巻結びを1段結ぶ

8 糸B2本を芯にして糸A1本を「平結びの結び糸の足し方」(p.48)で足し、平結びを12回結ぶ

9 糸Aは「結び糸の始末のしかた」(p.80)で始末する。糸Bは0.5cm残してカットする

10 糸A、糸C、糸D、糸Eの糸端を始末する(p.46「リボンどめ金具のつけ方」1、2参照。糸端は約0.7cmにカット)

11 フェルト、合皮スエードをカットし、モチーフの裏側にはる(p.41「仕上げ方」参照。ただし金具ははさまない)。最後にブローチピンを接着剤ではる(p.80写真参照)

◆記号図・e

※結び目と結び目の間はなるべく詰めて結ぶ

糸Bの結び始めの糸端は10cm残しておく

ピコットの作り方

出来上りのピコットの倍の長さの間隔をあけて（★＝0.6cm）右タッチング結びをし、結び目を上に引き上げる。

★＝0.6

0.3cmのピコット

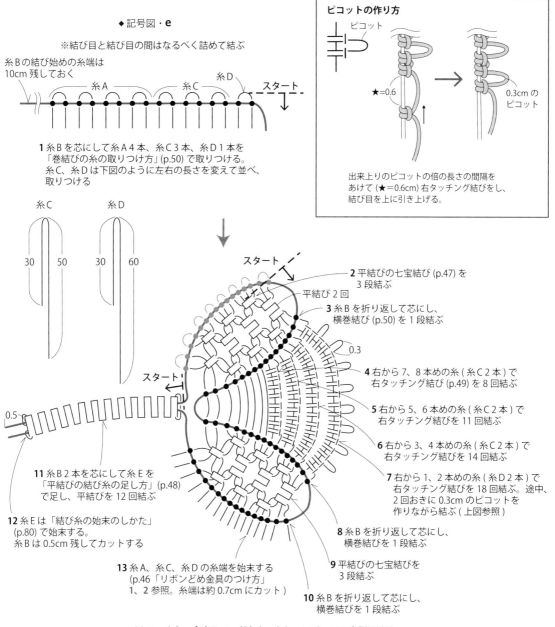

1 糸Bを芯にして糸A4本、糸C3本、糸D1本を「巻結びの糸の取りつけ方」(p.50)で取りつける。糸C、糸Dは下図のように左右の長さを変えて並べ、取りつける

糸C 30 50

糸D 30 60

2 平結びの七宝結び(p.47)を3段結ぶ

平結び2回

3 糸Bを折り返して芯にし、横巻結び(p.50)を1段結ぶ

0.3

4 右から7、8本めの糸(糸C2本)で右タッチング結び(p.49)を8回結ぶ

5 右から5、6本めの糸(糸C2本)で右タッチング結びを11回結ぶ

6 右から3、4本めの糸(糸C2本)で右タッチング結びを14回結ぶ

7 右から1、2本めの糸(糸D2本)で右タッチング結びを18回結ぶ。途中、2回おきに0.3cmのピコットを作りながら結ぶ(上図参照)

8 糸Bを折り返して芯にし、横巻結びを1段結ぶ

9 平結びの七宝結びを3段結ぶ

10 糸Bを折り返して芯にし、横巻結びを1段結ぶ

11 糸B2本を芯にして糸Eを「平結びの結び糸の足し方」(p.48)で足し、平結びを12回結ぶ

12 糸Eは「結び糸の始末のしかた」(p.80)で始末する。糸Bは0.5cm残してカットする

13 糸A、糸C、糸Dの糸端を始末する(p.46「リボンどめ金具のつけ方」1、2参照。糸端は約0.7cmにカット)

14 フェルト、合皮スエードをカットし、モチーフの裏側にはる(p.41「仕上げ方」参照。ただし金具ははさまない)。最後にブローチピンを接着剤ではる(p.80写真参照)

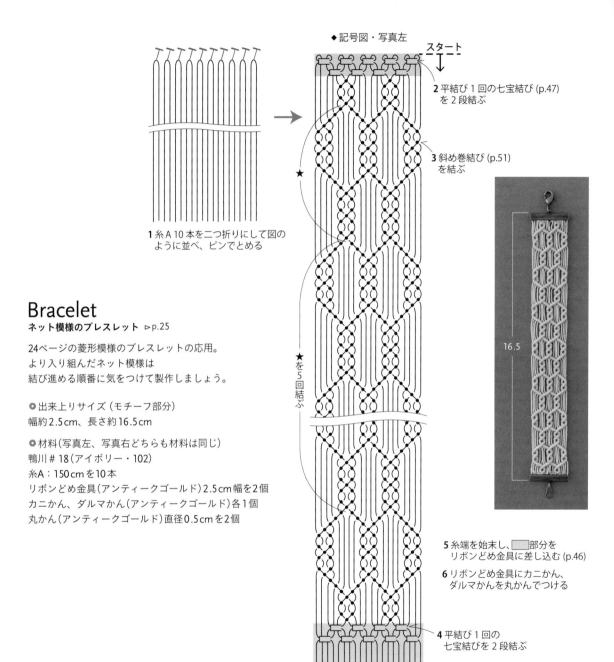

Bracelet
ネット模様のブレスレット ▷p.25

24ページの菱形模様のブレスレットの応用。
より入り組んだネット模様は
結び進める順番に気をつけて製作しましょう。

◎出来上がりサイズ(モチーフ部分)
幅約2.5cm、長さ約16.5cm

◎材料(写真左、写真右どちらも材料は同じ)
鴨川#18(アイボリー・102)
糸A：150cmを10本
リボンどめ金具(アンティークゴールド)2.5cm幅を2個
カニかん、ダルマかん(アンティークゴールド)各1個
丸かん(アンティークゴールド)直径0.5cmを2個

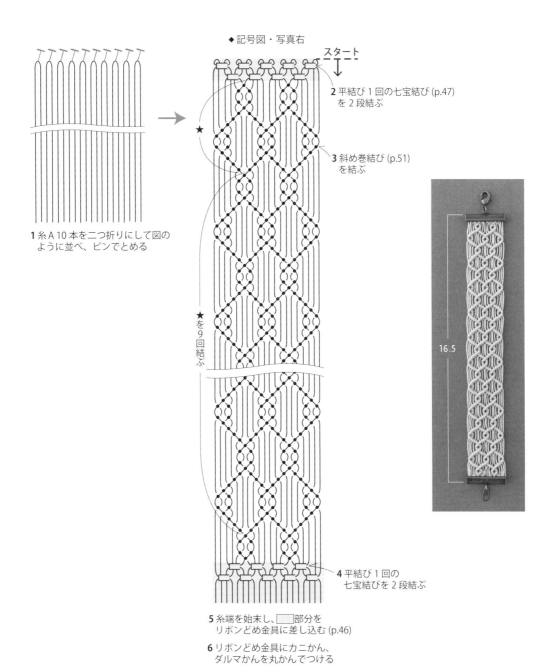

◆ 記号図・写真右

スタート

2 平結び1回の七宝結び (p.47) を2段結ぶ

3 斜め巻結び (p.51) を結ぶ

★を9回結ぶ

1 糸A10本を二つ折りにして図のように並べ、ピンでとめる

4 平結び1回の七宝結びを2段結ぶ

5 糸端を始末し、□部分をリボンどめ金具に差し込む (p.46)

6 リボンどめ金具にカニかん、ダルマかんを丸かんでつける

16.5

85

◆ 記号図・モチーフ

1 モチーフを指定の数作る

写真上・モチーフ

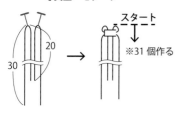

※31個作る

糸C2本を二つ折りにし、図のように長さを変えて並べ、ピンでとめる。平結び(p.47)を1回結ぶ

写真下・モチーフ

❶ 糸C1本を芯にして糸C1本を「巻結びの糸の取りつけ方」で取りつける

※15個作る

❷ 糸C1本を中央でそろえて置き、ピンでとめて横巻結び(p.50)を1段結ぶ

◆ 記号図・共通 －結び始め

※p.42、43 1～3 参照

2 糸A1本、糸B1本の端をそろえて並べ、ピンでとめる

3 上から50cm(糸Aの中央)の位置から糸Aを芯にし、右タッチング結び(p.49)を16回結ぶ

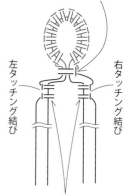

4 結び目を二つ折りにする。二つ折りの根もとに左側の糸3本を芯にして右側1本で右タッチング結びを1回結ぶ

5 糸を左右に2本ずつに分け、右タッチング結び、左タッチング結び(p.49)をそれぞれ2回ずつ結ぶ

◆ 記号図・共通 －結び終り

※p.43 11 参照

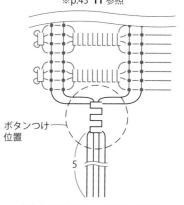

ボタンつけ位置

向きを90°変える。内側2本を芯にし、平結び(p.47)を3回結ぶ。2回めを結ぶとき、左側の糸をボタンに通し、芯の上にのせて平結びを結ぶ。糸端を5cmにカットする

Bracelet
フリンジブレスレット ▷p.26

フリンジがポイントのブレスレットは
横に作り進んでいくテクニックで。
シンプルなねじり結びや巻結びのパターンも、
並ぶと見応えがあります。

◎出来上りサイズ（モチーフ部分）
写真上…幅約2.8cm、長さ約18.5cm
写真下…幅約2.6cm、長さ約18.5cm

◎材料
鴨川 #18（アイボリー・102）
写真上　糸A：100cmを1本、糸B：130cmを1本、糸C：50cmを62本
写真下　糸A：100cmを1本、糸B：130cmを1本、糸C：40cmを61本
ボタン　直径1.1cmを1個

86

◆記号図・写真上

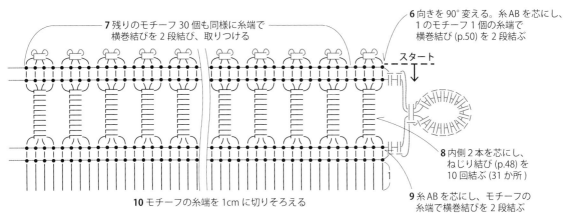

6 向きを90°変える。糸ABを芯にし、1のモチーフ1個の糸端で横巻結び(p.50)を2段結ぶ

7 残りのモチーフ30個も同様に糸端で横巻結びを2段結び、取りつける

8 内側2本を芯にし、ねじり結び(p.48)を10回結ぶ(31か所)

9 糸ABを芯にし、モチーフの糸端で横巻結びを2段結ぶ

10 モチーフの糸端を1cmに切りそろえる

◆記号図・写真下

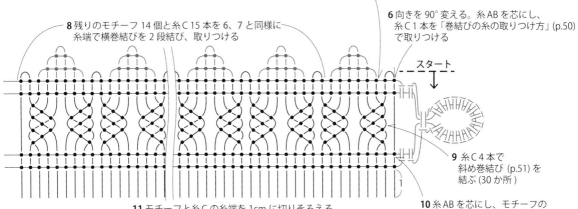

6 向きを90°変える。糸ABを芯にし、糸C1本を「巻結びの糸の取りつけ方」(p.50)で取りつける

7 糸ABを芯にし、1のモチーフ1個の糸端と6の糸端で横巻結びを2段結ぶ

8 残りのモチーフ14個と糸C15本を6、7と同様に糸端で横巻結びを2段結び、取りつける

9 糸C4本で斜め巻結び(p.51)を結ぶ(30か所)

10 糸ABを芯にし、モチーフの糸端で横巻結びを2段結ぶ

11 モチーフと糸Cの糸端を1cmに切りそろえる

◆記号図

8 4、5と同様に結ぶ(ただし右上平結びで結ぶ)。糸端を切りそろえる

7 糸を上下入れ替え、右上平結び1回の七宝結びをジグザグ模様に21段結ぶ(模様は2、3参照)。3回繰り返す

6 天地の向きを変え、反対側を結ぶ。逆三角形に右上平結び1回の七宝結び(p.47)を9段結ぶ

中央→

1 糸A120本、糸B120本をそれぞれ4本1組みで中央で束ねる。逆三角形に左上平結び1回の七宝結び(p.47)を10段結ぶ(p.44-1参照)。糸A、糸Bでそれぞれモチーフを3個作り、糸Aのモチーフを上にして重ねる(p.44-2参照)

2 糸を上下入れ替え、左上平結び1回の七宝結びをジグザグ模様に21段結ぶ(p.44、45-3～12参照)

3 糸を上下入れ替え、左上平結び1回の七宝結びをジグザグ模様に21段結ぶ(p.45-13参照)。2回繰り返す

4 糸を上下入れ替え、左上平結び1回の七宝結びを10段(左右は9段)三角模様に結ぶ

5 上下の糸4本ずつ、合計8本を束ね、糸B1本でとめ結び(p.89)を結ぶ。糸端を20cmに切りそろえる

88

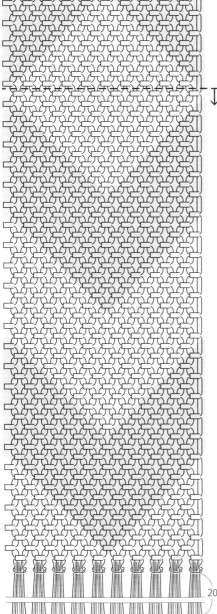

糸A=ホワイト
糸B=ナチュラル

スタート

Table Mat テーブルマット ▷p.28

タイマフラー(p.44)と同じ作り方で、
裏表、色が反転したパターンになるマット。
リバーシブルで使え、
2色の糸の長いフリンジがテーブルに映えます。
少し根気がいりますが、くっきりした配色を楽しみながら
結ぶ作業はなかなか楽しいものです。

◎出来上りサイズ（モチーフ部分）
約31×21cm

◎材料
リネンラミーコットン 並太（ホワイト・1） 糸A：140cmを120本、
（ナチュラル・10） 糸B：140cmを120本

＊糸の準備についてはp.52を参照。

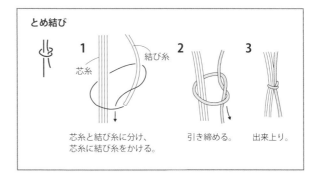

とめ結び

1	2	3
芯糸と結び糸に分け、芯糸に結び糸をかける。	引き締める。	出来上り。

Pouch ポーチ ▷p.29

ばね口金を使った平結びのポーチ。
木の実のように3個ずつあしらったしゃこ結びがデザインのアクセント。
リネンラミーコットンのさっくりした結び心地を味わいながら作りましょう。

● 出来上りサイズ
約12×11cm

● 材料
リネンラミーコットン 並太（フレッシュグリーン・11）
糸A：120cmを64本、糸B：100cmを8本
ばね口金　12cm幅を1個

＊糸の準備については
p.52を参照。

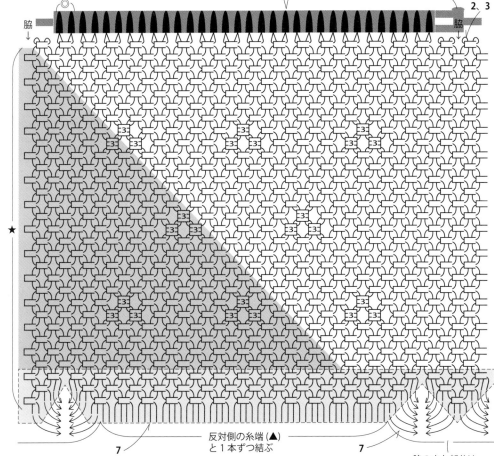

ねじは上から差し込み、ばねをとめる

1 糸A 32本をばね口金のばねの片側に
「二つ折りの糸の取りつけ方・こぶなし
(p.91)」で取りつける。ばね口金は段差
があるのでその部分の端2本（◎）は
接着剤で結び目を固定する

ばね口金

2、3

◆ 記号図

脇

脇

★

7

反対側の糸端（▲）
と1本ずつ結ぶ

7

脇のまち部分は
矢印どうしを結ぶ

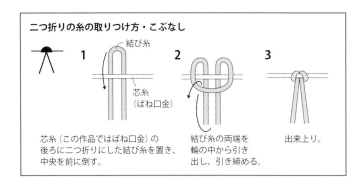

二つ折りの糸の取りつけ方・こぶなし

1 結び糸 / 芯糸（ばね口金）
2
3 出来上り。

芯糸（この作品ではばね口金）の後ろに二つ折りにした結び糸を置き、中央を前に倒す。

結び糸の両端を輪の中から引き出し、引き締める。

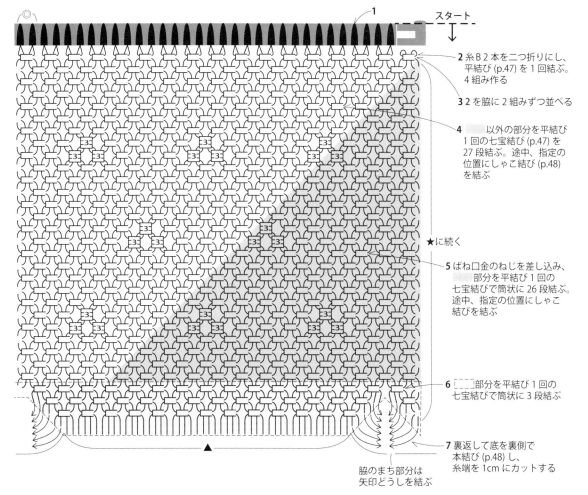

1 スタート

2 糸B2本を二つ折りにし、平結び(p.47)を1回結ぶ。4組み作る

3 2を脇に2組みずつ並べる

4 　　　　以外の部分を平結び1回の七宝結び(p.47)を27段結ぶ。途中、指定の位置にしゃこ結び(p.48)を結ぶ

★に続く

5 ばね口金のねじを差し込み、　　　部分を平結び1回の七宝結びで筒状に26段結ぶ。途中、指定の位置にしゃこ結びを結ぶ

6 　　　部分を平結び1回の七宝結びで筒状に3段結ぶ

7 裏返して底を裏側で本結び(p.48)し、糸端を1cmにカットする

脇のまち部分は矢印どうしを結ぶ

Tie タイマフラー ▷p.30

◉出来上りサイズ(モチーフ部分)
約5.5×120cm

◉材料
メリノスタイル 極太
（グレー・315） 糸A：400cmを28本、
（ライトグレー・302） 糸B：400cmを28本

＊糸の準備についてはp.52を参照。
＊柔らかな風合いを出したいので、
糸はあまり引きすぎないようにしましょう。

◆記号図

糸A＝グレー
糸B＝ライトグレー

中央→　←スタート

8 2〜5と同様に結ぶ
（ただし右上平結びで結ぶ）。
糸端を15cmに切りそろえる

7 天地の向きを変え、反対側を結ぶ。
逆三角形に右上平結び1回の七宝結び
(p.47)を6段結ぶ

1 糸A 28本、糸B 28本をそれぞれ
4本1組みで中央で束ねる。
逆三角形に左上平結び1回の
七宝結び(p.47)を7段結ぶ
(p.44-1参照)。
糸A、糸Bでそれぞれモチーフを作り、
糸Aのモチーフを上にして
重ねる(p.44-2参照)

2 糸を上下入れ替えながら、左上平結び
1回の七宝結びを三角、菱形模様に
19段結ぶ
(p.44、45-3〜13参照)

3 糸を上下入れ替えながら、左上平結び
1回の七宝結びをストライプ模様に
55段結ぶ

93ページ左上に続く

92

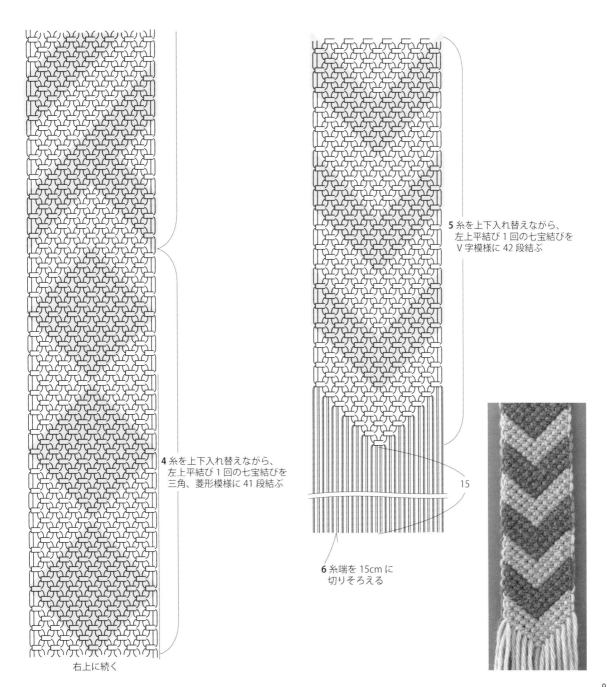

4 糸を上下入れ替えながら、
左上平結び1回の七宝結びを
三角、菱形模様に41段結ぶ

5 糸を上下入れ替えながら、
左上平結び1回の七宝結びを
V字模様に42段結ぶ

6 糸端を15cmに
切りそろえる

15

右上に続く

Brooch
タッセルブローチ ▷p.32

p.17のタッセルブローチと同様に、
モチーフを結びながら途中でタッセルをつけていくテクニックで。
たこ糸で作ると大きめに仕上がり、
バッグの飾りにちょうどいいボリュームです。

◉出来上りサイズ（モチーフ部分）
約4×6.2cm

◉材料
たこ糸小巻き#10（生成り）　糸A：200cmを5本、
糸B：10cmを50本、糸C：15cmを10本
合皮スエード（グレー）5×7cm
フェルト（ベージュ）5×7cm
ブローチピン（ゴールド）　2.5cm幅を1個

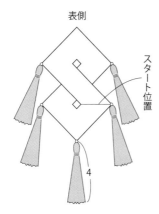

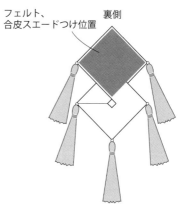

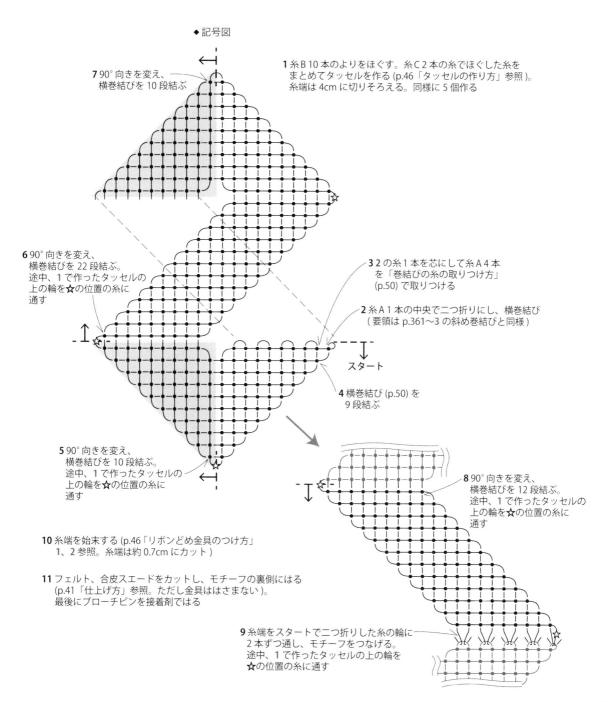

松田紗和　Matsuda Sawa

手芸作家

クラシックレースの技法をベースに作品を製作。特にマクラメレースには2010年から取り組み、
多様な結びのテクニックを組み合わせた独自のデザインと、繊細な風合いのアクセサリーには定評がある。
現在はギャラリーやショップ、イベントなどで作品を発表。
糸の表現の可能性を探りつつ、日々のひらめきや発見を生かして、製作活動を続けている。
著書に『マクラメレースのアクセサリー』、『マクラメレース 結びのデザイン』(いずれも文化出版局刊)がある。
ブログ https://tayumazuni.exblog.jp　インスタグラム @matsuda_sawa_lace

ブックデザイン　縄田智子　佐藤尚美　L'espace

撮影　ローラン麻奈

スタイリング　串尾広枝

ヘア＆メイク　扇本尚幸

モデル　朋永

プロセス撮影　安田如水 (文化出版局)

作り方解説、トレース　田中利佳

トレース協力　薄井年夫

校閲　向井雅子

編集　小山内真紀
　　　大沢洋子 (文化出版局)

＜糸提供＞
○メルヘンアート
東京都墨田区横網2-10-9
TEL 03-3623-3760 https://www.marchen-art.co.jp

○横田・DARUMA
大阪市中央区南久宝寺町2-5-14
TEL 06-6251-2183 https://www.daruma-ito.co.jp/

＜衣装協力＞
○ANTIPAST／クープ・ドゥ・シャンピニオン
TEL 03-6415-5067
(p.15 ワンピース、p.22 ボレロ、ワンピース、p.27 コート)

Macrame Lace Accessories

糸で作る文様
マクラメレースのアクセサリー

2024年12月7日　第1刷発行

著　者　　松田紗和
発行者　　清木孝悦
発行所　　学校法人文化学園 文化出版局
　　　　　〒151-8524　東京都渋谷区代々木3-22-1
　　　　　電話 03-3299-2489 (編集)
　　　　　　　 03-3299-2540 (営業)
印刷・製本所　株式会社文化カラー印刷

©Yoshimi Matsuda 2024　Printed in Japan
本書の写真、カット及び内容の無断転載を禁じます。

・本書のコピー、スキャン、デジタル化等の無断複製は著作権法上での例
外を除き、禁じられています。本書を代行業者等の第三者に依頼してスキ
ャンやデジタル化することは、たとえ個人や家庭内での利用でも著作権
法違反になります。
・本書で紹介した作品の全部または一部を商品化、複製頒布、及びコンク
ールなどの応募作品として出品することは禁じられています。
・撮影状況や印刷により、作品の色は実物と多少異なる場合があります。
ご了承ください。

文化出版局のホームページ　https://books.bunka.ac.jp/